상해 현직교사들

신나게 배우는 어린이 중국어

快乐学汉语 2

콰이러쉬에한위

교사용지도서

J PLUS
Language Publishing Co.

머 리 말

"활발한 수업을 만드는 살아 있는 지도서"

이 지도서는 중국의 한국학교 학생들을 가르치는 선생님들이 직접 만든 활동 중심의 지도서입니다. 실제 지도 경험이 없는 교사들도 쉬우면서도 활발한 중국어 수업을 만들어갈 수 있도록 꾸민 것이 특징이며, 중국어에 대한 특별한 지식이 없는 부모님들도 알기 쉽도록 만들었습니다.

재외 한국학교 및 국제학교에서 중국어를 가르치는 현직 선생님들의 경험과 성과가 축적된 자료이기 때문에 학생들을 지도하기가 편리하며 내용 또한 알차게 꾸몄습니다.

▪ 매 차시의 도입 부분에서 [동기 부여]란을 두어 배울 내용과 관련된 여러 가지 활동을 함으로써 학생들이 재미나게 수업에 참여할 수 있도록 하였습니다.
▪ 매 과마다 [Tip]란을 두어 학생들의 수준에 따라 본 교재에서 다루지 않은 관련 내용들을 보충하여 설명할 수 있도록 하였습니다.

수업 경험이 없는 초보 교사들도 실제 수업에 바로 응용할 수 있도록 꾸몄습니다.

▪ 매 차시를 도입-전개-정리 부분으로 나누어 꾸며 한 시간을 적절히 배정하여 수업할 수 있도록 하였으며, 학생들의 과제 및 다음 차시의 준비까지도 걱정하지 않도록 하였습니다.

친구들과 즐기면서 익힐 수 있도록 꾸몄습니다.

▪ 매 과마다 아동들의 눈높이에 맞춘 개인 및 모둠 놀이를 배치하여 어려운 외국어라는 고정관념을 없애고 친구들과 함께 즐거운 마음으로 복습할 수 있도록 하였습니다.

각 과별 4차시로 구성하여 모두 34차시로 1권을 1학기 동안 공부할 수 있도록 꾸몄습니다.

▪ 제1차시에 본문과 단어, 제2차시에 발음과 응용회화 연습, 제3차시에 활동을 통한 복습, 제4차시에 한자이해 및 노래 등을 배치하여 차근차근 이해하고 재미나게 공부할 수 있도록 하였습니다.(32차시)
▪ 1~4과와 5~8과가 끝난 후 평가시간을 두어 학습 성과를 확인할 수 있도록 하였습니다. 말하기, 듣기, 읽기, 쓰기 영역을 골고루 출제하여 중국어 학습 능력을 더욱 향상시킬 것입니다.(2차시)

이 지도서는 교사의 수업에 도우미 역할을 하도록 꾸몄습니다. 수업을 하면서 얻게 되는 다른 더 좋은 아이디어나 지도 방법을 지도서의 내용과 병행하여 활용한다면 나만의 교수방법과 내 스타일의 수업방법이 생길 것입니다. 이 지도서가 교사와 학부모 모두에게 좋은 길잡이가 되기를 바랍니다.

저자 씀

이 책의 구성

각 과별로 4차시로 구성하였으며, 매 차시를 도입-전개-정리 부분으로 나누어 꾸며 시간을 적절히 배정하고 효율적으로 지도할 수 있도록 하였습니다.

본문회화

새로 나온 단어

◀ **1차시**

본문과 단어를 익히는 학습을 합니다. 본문은 먼저 CD를 들려주고 따라 읽도록 합니다. 그리고 단어를 익힌 후 본문을 다시 복습합니다.

도입	■동기 유발
	■학습 내용 확인하기

전개	■본문 1
	■단어
	■본문 2

정리	■배운 내용 확인하기
	■과제 제시
	■다음 시간 학습 내용 알려주기
	■교사의 다음 시간 준비

말하기 연습

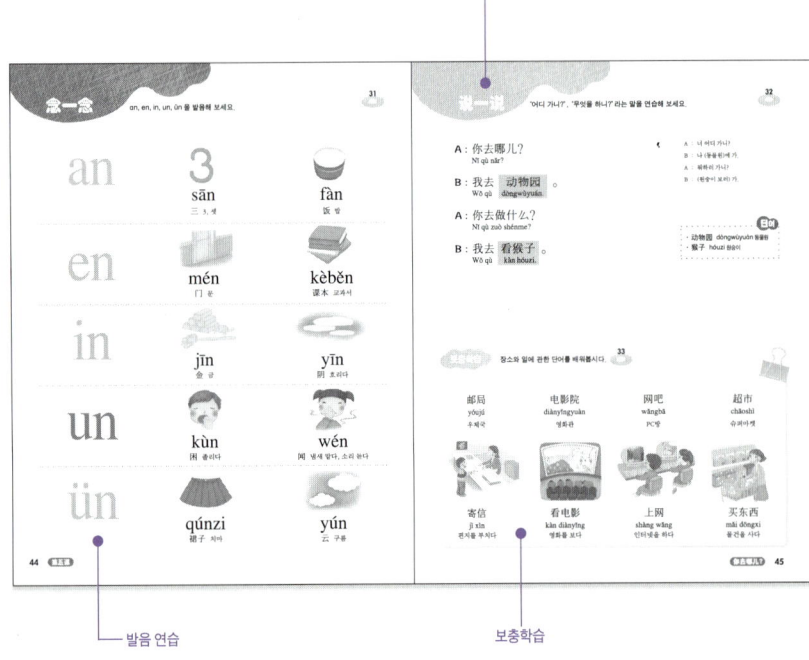

발음 연습

보충학습

◀ **2차시**

한어병음의 기본적인 발음을 연습하고, 본문 내용을 반복·확장하여 말하기 연습을 합니다. 보충학습을 바탕으로 다양하게 바꾸어 대화할 수 있습니다.

도입	■동기 유발
	■학습 내용 확인하기

전개	■念一念
	■说一说 1
	■보충학습
	■说一说 2

정리	■배운 내용 확인하기
	■과제 제시
	■다음 시간 학습 내용 알려주기
	■교사의 다음 시간 준비

- 중간평가(1~4과) : 말하기·듣기·읽기·쓰기 영역 각 5문항 총 20문제
- 기말평가(5~8과) : 말하기·듣기·읽기·쓰기 영역 각 5문항 총 20문제

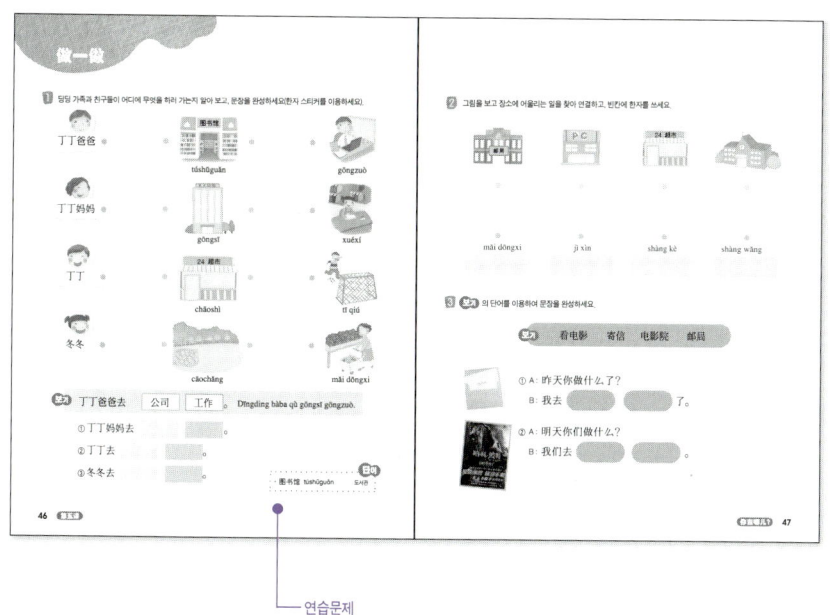

연습문제

◀ **3차시**

앞에서 배운 내용들을 재미있는 활동을 통해 복습합니다. 그림 그리기, 스티커 붙이기, 선 잇기 등의 활동 외에도 **Tip;** 에서 소개하는 다양한 놀이로 학생들이 흥미를 갖고 학습할 수 있도록 하였습니다.

도입
- 동기 유발
- 학습 내용 확인하기

↓

전개
- 做一做 1
- 做一做 2
- 做一做 3

정리
- 과제 제시
- 다음 시간 학습 내용 알려주기
- 교사의 다음 시간 준비

재미있는 한자공부

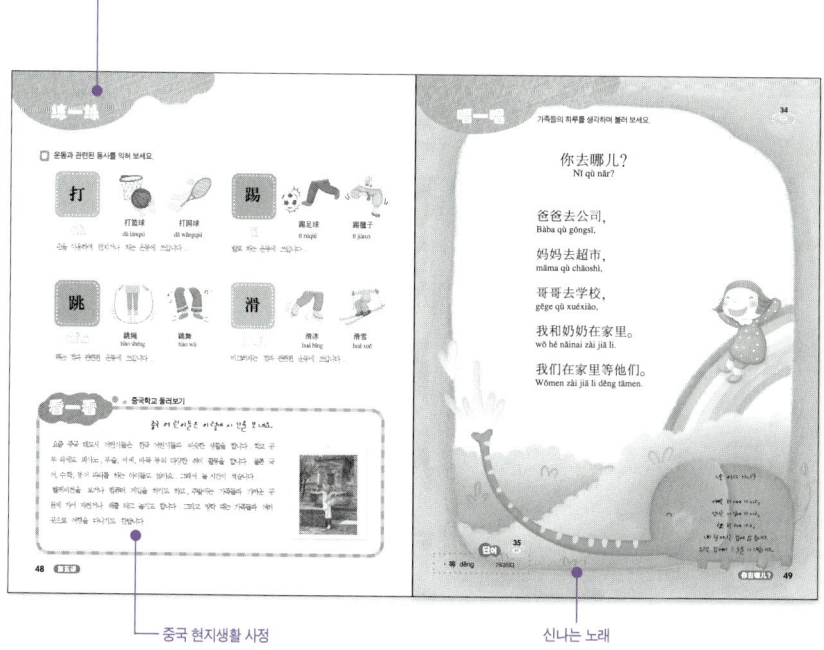

중국 현지생활 사정

신나는 노래

◀ **4차시**

练一练에서는 한자에 익숙하지 않은 학생들이 한자에 쉽게 접근할 수 있도록 한자에 대한 이해를 돕는 활동을 합니다. 중국의 학교 문화를 알아보고, 중국 노래를 불러봄으로써 학생들이 중국어를 재미있게 배울 수 있도록 하였습니다.

도입
- 동기 유발
- 학습 내용 확인하기

↓

전개
- 练一练
- 看一看
- 唱一唱

정리
- 과제 제시

차 례

교실 수업용어

1. 수업 시작 인사

학생 立正! [坐正!] 敬礼!
Lìzhèng! [Zuòzhèng!] Jìnglǐ!
차렷! 경례!

※ 반장만 일어나고 학생들이 앉아서 인사하는 경우라면
"坐正! Zuòzhèng!"을 씁니다.

학생 老师好!
Lǎoshī hǎo!
선생님, 안녕하세요!

선생님 大家(同学们/你们)好!
Dàjiā(Tóngxuémen/Nǐmen) hǎo!
모두들 안녕!(친구들 안녕!)

선생님 你们都好吗?
Nǐmen dōu hǎo ma?
여러분 모두 안녕?

학생 很好, 老师呢?
Hěn hǎo, lǎoshī ne?
예, 선생님은요?

선생님 我也很好。
Wǒ yě hěn hǎo.
나도 좋아요.

선생님 你们身体好吗?
Nǐmen shēntǐ hǎo ma?
여러분 몸은 괜찮아요?

선생님 大家周末过得好吗?
Dàjiā zhōumò guò de hǎo ma?
여러분 주말 잘 보냈어요?

학생 很好(开心)!
Hěn hǎo(kāixīn)!
잘 보냈어요!(즐거웠어요!)

선생님 今天天气很好吧?
Jīntiān tiānqì hěn hǎo ba?
오늘 날씨 좋지요?

2. 출석/수업 시작

선생님 同学们都来了吗?
Tóngxuémen dōu lái le ma?
친구들 모두 왔나요?

학생 都来了。/ 有几个人还没来。
Dōu lái le. / Yǒu jǐ ge rén hái méi lái.
모두 왔어요. / 몇 명이 아직 안 왔어요.

선생님 谁没来上课? / 他有什么事吗?
Shéi méi lái shàngkè?
/ Tā yǒu shénme shì ma?
누가 안 왔지요?
/ 그 학생 무슨 일 있나요?

선생님 希望大家注意身体(感冒)!
Xīwàng dàjiā zhùyì shēntǐ(gǎnmào)!
모두들 건강(감기) 조심해요!

교실 수업용어

3. 수업 진행

선생님 好，现在开始上课。
Hǎo, xiànzài kāishǐ shàngkè.
자, 지금부터 수업 시작해요.

선생님 大家准备好了吗?
Dàjiā zhǔnbèi hǎo le ma?
모두들 준비됐나요?

학생 准备好了。
Zhǔnbèi hǎo le.
준비됐어요.

선생님 你们还记得上节课学过的内容吗?
Nǐmen hái jìde shàng jié kè xué guo de nèiróng ma?
여러분 지난 시간에 배운 것 아직 기억하고 있어요?

학생 (不)记得。 / 想不起来了。
(Bú) jìde. / Xiǎng bu qǐlái le.
기억해요.(기억 못해요.) / 생각 안 나요.

선생님 大家把作业都做好了吗?
/ 请把作业交给我。
Dàjiā bǎ zuòyè dōu zuò hǎo le ma?
/ Qǐng bǎ zuòyè jiāo gěi wǒ.
여러분 숙제 다 했어요?
/ 숙제 내세요.

학생 做好了。 / 好(的)。
Zuò hǎo le. / Hǎo(de).
다 했어요. / 예.

선생님 请打开书，翻到第○页。
Qǐng dǎkāi shū, fān dào dì ○ yè.
책을 펴세요, ○쪽을 펴세요.

선생님 大家首先看看第一部分的内容，
自己想一想是什么情况。
Dàjiā shǒuxiān kàn kan dì yī bùfen de nèiróng, zìjǐ xiǎng yi xiǎng shì shénme qíngkuàng.
여러분 먼저 첫번째 부분의 내용을 보고,
무슨 내용인지 한번 생각해보세요.

선생님 大家注意听录音的内容。
Dàjiā zhùyì tīng lùyīn de nèiróng.
여러분 녹음 내용을 주의 깊게 들어보세요.

학생 好。
Hǎo.
예.

선생님 请再听一遍。 / 请再说一遍。
Qǐng zài tīng yí biàn.
/ Qǐng zài shuō yí biàn.
다시 한번 들어보세요.
/ 다시 한번 말해보세요.

선생님 大家先听一听，请不要讲话。
Dàjiā xiān tīng yi tīng, qǐng bú yào jiǎnghuà.
여러분 먼저 한번 들어보세요, 말하지 말고.

선생님　大家听得懂吗?
Dàjiā tīng de dǒng ma?
여러분 알아듣겠어요?(이해가 돼요?)

학생　听得懂。 / 听不懂。
Tīng de dǒng. / Tīng bu dǒng.
알아듣겠어요. / 못 알아듣겠어요.

선생님　一边听录音, 一边大声跟着读。
Yìbiān tīng lùyīn, yìbiān dà shēng gēn zhe dú.
녹음을 들으면서 큰 소리로 따라 읽어보세요.

선생님　请大家跟我读。
Qǐng dàjiā gēn wǒ dú.
여러분 나를 따라서 읽어보세요.

선생님　大家一起来读一读今天的课文。
Dàjiā yìqǐ lái dú yi dú jīntiān de kèwén.
여러분 다 같이 오늘 본문을 한번 읽어보세요.

선생님　○○○, 请站起来读一下课文。
○○○, qǐng zhàn qǐlái dú yíxià kèwén.
○○○, 일어나서 본문을 한번 읽어보세요.

선생님　请大家看黑板。
Qǐng dàjiā kàn hēibǎn.
여러분 칠판을 보세요.

선생님　有没有问题?
Yǒu méiyǒu wèntí?
질문 있어요?

학생　有。 / 没有。
Yǒu. / Méiyǒu.
있어요. / 없어요.

선생님　请举手。
Qǐng jǔshǒu.
손을 들어보세요.

선생님　有问题的学生请举手。
Yǒu wèntí de xuésheng qǐng jǔshǒu.
질문 있는 학생은 손을 드세요.

4. 마무리 인사

선생님　时间到了。
Shíjiān dào le.
시간이 다 되었어요.

선생님　今天我们学到这儿。
Jīntiān wǒmen xué dào zhèr.
오늘은 여기까지 배워요.

교실 수업용어

선생님　请预习新课。
　　　　Qǐng yùxí xīn kè.
　　　　새 과를 예습하세요.

선생님　回家以后好好儿复习, 好不好?
　　　　Huíjiā yǐhòu hǎohāor fùxí, hǎo bu hǎo?
　　　　집에 가서 복습 잘 하세요, 알았죠?
학생　　好!
　　　　Hǎo!
　　　　예!

선생님　下课!
　　　　Xiàkè!
　　　　수업 끝!

선생님　大家辛苦了!
　　　　Dàjiā xīnkǔ le!
　　　　모두들 수고했어요!

선생님　再见。 / 下次再见。
　　　　Zàijiàn. / Xiàcì zàijiàn.
　　　　안녕. / 다음에 봐요.
학생　　再见。 / 下次再见。
　　　　Zàijiàn. / Xiàcì zàijiàn.
　　　　안녕히 계세요. / 다음에 봬요.

선생님　周末愉快!
　　　　Zhōumò yúkuài!
　　　　주말 즐겁게 보내요!
학생　　周末愉快!
　　　　Zhōumò yúkuài!
　　　　주말 즐겁게 보내세요!

5. 기타(칭찬/격려)

선생님　你的发音很标准。 / 读(说)得很好!
　　　　Nǐ de fāyīn hěn biāozhǔn.
　　　　/ Dú(shuō) de hěn hǎo!
　　　　발음이 아주 정확해요.
　　　　/ 잘 읽었어요!(말했어요!)
학생　　哪里哪里。 / 谢谢。
　　　　Nǎli nǎli. / Xièxie.
　　　　아니에요. / 고맙습니다.

선생님　请不要睡觉! / 请安静一下!
　　　　/ 请不要说话!
　　　　Qǐng bú yào shuìjiào!
　　　　/ Qǐng ānjìng yíxià!
　　　　/ Qǐng bú yào shuōhuà!
　　　　졸지 마세요! / 조용히 하세요!
　　　　/ 얘기하지 마세요!

1 彩虹

무지개

단원 특성 　 이 단원에서는 자신이 좋아하는 색깔을 소개하는 표현을 익히도록 하고 있다. 또 한어병음의 운모 ai, ei, uai, ui를 배우고, 여러 가지 색깔을 나타 내는 어휘에 대해 학습한다.

차시	학습 내용
1차시	본문을 통해 사물의 이름과 본 것에 대한 의견을 묻고 답하는 표현을 익히도록 한다. 그리 고 본문 문장에 나온 단어의 뜻과 읽고 쓰는 법을 알게 한다.
2차시	운모 ai, ei, uai, ui를 확실히 구분하여 듣고 말할 수 있도록 한다. 그리고 색깔을 나타내는 단어를 다양하게 바꾸어 넣어가며 말하기 연습을 한다.
3차시	색칠하기 활동을 통해 중요 색깔의 이름을 복습하고, 스티커를 붙이며 색깔 이름의 한자 와 병음을 익히도록 한다.
4차시	두 부분을 합쳐 새로운 글자를 만들어보고, 중국의 학교 문화를 둘러본다. 그리고 노래를 통해 무지개 색깔의 이름을 복습하도록 한다.

第一课 **彩虹**

학|습|목|표

◉ 본문의 표현을 알아듣고 말할 수 있다.

◉ 본문 문장에 나온 단어의 뜻을 알고, 읽고 쓸 수 있다.

도입 ········ ■ **동기 유발**

❶ 이미 학습한 내용으로 자신의 이름과 가족 등을 소개해보도록 한다.

> 학생 → 我是○○。我家有○口人。有○、○、○和我。

❷ 학생들이 입고 있는 옷의 색이나 교실 게시판에 있는 여러 가지 색에 대해 우리말로 말해보도록 한다.

> 교사 → ○○의 옷은 무슨 색깔입니까?

> 학생 → 녹색과 흰색입니다.

■ **학습 내용 확인하기**

● 사물의 이름과 본 것에 대한 의견을 묻고 답하는 표현을 배운다.

● 새 단어를 익힌다.

전개 ········ ■ **본문 1**

❶ CD를 두 번 되풀이하여 들려준다.(CD-01)

> 유의 누구와 누구의 대화인지 잘 들어보도록 한 뒤, 알아들을 수 있는 말을 기억하여 서로의 의견을 나누도록 한다.

❷ CD를 다시 들으며 학생들이 따라 읽도록 한다.(CD-01)

■ 단어

❶ 단어 의 한자와 병음을 칠판에 쓴다.

칠판에 병음을 쓸 수 있도록 네 줄을 그린 뒤, 한어병음과 성조를
줄에 맞추어 쓰고, 바로 아래에 해당 한자를 바르게 쓴다.

❷ 한자를 쓸 때는 정자로 순서를 강조하며 쓰게 한다.

> 유의 • 학생들이 쉽게 틀리는 부분이 '看'의 '目'부를 '日'로 쓰는 것이다. 처음 한자를 대하므로 얼핏 구
> 분이 되지 않을 수도 있다. 따라서 '看'자가 눈 위에 손을 올려놓은 모습을 본뜬 것이라고 설명해
> 주면 기억하기 쉽다. 눈 '目'과 해 '日'를 구분할 수 있도록 상형자의 원리를 간단하게 덧붙여 설명
> 해준다.
> • '真'은 '참 진(眞)'의 간체자이다. 따라서 간체자를 쓸 때 중간 가로획이 두 개인 번체자와 달리
> 중간 획이 3획임을 강조하여 혼돈하지 않도록 지도한다.

❸ '那'를 설명할 때는 '这'와 비교하여 설명해준다.

> • 这 : 이, 이것(비교적 가까운 곳)　　• 那 : 저, 저것(비교적 멀리 있는 곳)

❹ '好看'을 설명할 때는 '好'와 함께 쓰는 같은 형식의 단어 몇 개를 더 알려주어 학생들
의 이해를 돕도록 한다.

> • 好看 : 보기 좋다, 아름답다, 재미있다　　• 好吃 : 먹기 좋다, 맛있다
> • 好喝 : 마시기 좋다, 맛있다　　• 好听 : 듣기 좋다
>
> 유의 반대말을 묻는 학생이 있을 경우 '好' 대신에 '不好'를 넣으면 된다고 알려준다.
> 예 不好看, 不好吃

■ 본문 2

❶ 본문의 네 문장에 대해 해설하고, 무지개 색 이름 红色, 橙色, 黄色, 绿色, 青色,
蓝色, 紫色 단어를 설명한다.

> 유의 본 차시에 포함된 내용은 아니나 본 단원의 특성상 새로 나온 단어가 많고, 2차시의 학습 효율을 높
> 이기 위해 첫 차시에 무지개의 일곱 빛깔을 학습하는 것이 좋다.

❷ 전체 학생을 다양한 방법으로 나누어 딩딩 역과 엄마 역을 번갈아 읽어보게 한다.

❸ CD를 들으며 본문과 단어를 다시 읽어보도록 한다. (CD-01, 02)

> • 먼저 교사가 엄마 역을, 학생이 딩딩 역을 맡아 연습한다.
> • 전체 학생을 두 모둠으로 나누어(남·여, 짝꿍 등으로 다양하게 나누기) 묻고 답하도록 한다.
> • 잘하는 학생 몇 명을 뽑아 딩딩 역(혹은 엄마 역)을 하게 하고 나머지 학생들이 다른 역을 맡도록 한다.
> • 교사가 교실을 돌며 학생들과 일대일로 역할을 나누어 말해보도록 한다.

정리

■ 배운 내용 확인하기

● 본문 네 문장을 해석과 함께 천천히 반복하여 읽어주거나 교사가 우리말로 말하면 학생들이 중국어로 표현하도록 유도한다.

■ 과제 제시

● 오늘 배운 단어의 병음과 한자를 각각 다섯 번씩 쓰기

● 사물의 이름을 묻고 대답하는 표현 익혀 오기

■ 다음 시간 학습 내용 알려주기

● 중국어의 운모 ai, ei, uai, ui를 배울 것임을 알린다.

● 여러 가지 색을 나타내는 단어를 배울 것임을 알린다.

■ 교사의 다음 시간 준비

● 여러 가지 색깔 카드 및 색종이(교재에 나오는 12가지 색)

第一课 **彩虹**

학습목표

◉ ai, ei, uai, ui를 정확하게 구분하고 발음할 수 있다.

◉ 좋아하는 빛깔에 대한 대화를 주고받을 수 있다.

도입 ▪ **동기 유발**

❶ 교사가 다음 10가지 색을 중국어로 말하면 학생들은 교실에서 그 색깔의 옷을 찾아 손가락으로 가리키게 한다.

교사▸ 红色, 橙色, 黄色, 绿色, 青色, 蓝色, 紫色, 黑色, 白色, 灰色

❷ 학생들끼리 색깔 찾기를 해보도록 한다. 한 학생이 색깔 이름을 말하면 그 색깔 옷을 입고 있는 학생이 일어난다.

❸ 가장 먼저 일어난 학생이 같은 방식으로 말하고 다른 학생이 이어서 하도록 한다.

❹ 10가지 색깔을 다 말하고 나면 다시 한번 교사가 색깔 이름을 읽고 전체 학생이 따라 읽도록 한다.

▪ **학습 내용 확인하기**

● 중국어 발음의 ai, ei, uai, ui를 배운다.

● 좋아하는 빛깔에 대해 대화를 나눈다.

전개 ▪ **念一念**

❶ 운모 ai, ei, uai, ui를 칠판에 쓴다.

❷ CD를 들려주고, 학생들에게 들은 대로 발음해보도록 한다. 틀린 학생이 있을 경우 교정해준다. (CD-03)

유의 'ui'를 단독으로 발음할 때는 우리말 '우이'보다는 '우웨이'에 가깝게 소리내도록 한다.

❸ 성모 b, p, m와 ai, ei / g, k, h와 uai, ui로 나누어 칠판에 쓰고 짜 맞추어 읽을 수 있도록 연습한다.

b – ai – bai	p – ai – pai	m – ai – mai
b – ei – bei	p – ei – pei	m – ei – mei
g – uai – guai	k – uai – kuai	h – uai – huai
g – ui – gui	k – ui – kui	h – ui – hui

유의 'uai', 'ui' 를 성모 없이 그냥 쓸 때는 'wai', 'wei'로 바꾸어 써야 함을 강조한다.

■ 说一说 1

❶ CD를 두 번 들려준다.(CD-04)

유의 어떤 빛깔 이름이 나오는지 주의 깊게 듣도록 한다.

❷ CD를 다시 들으며 학생들이 따라 읽도록 한다.(CD-04)

❸ 다양한 방법으로 말하기 연습을 한다.

- 먼저 교사가 A, 학생들이 B역할을 맡아 말하기 연습을 한 후 역할을 바꾸어 다시 연습한다.
- 전체 학생들을 두 모둠으로 나누어(남·여, 짝꿍 등으로 다양하게 나누기) 묻고 답하도록 한다.
- 잘하는 학생 몇 명을 뽑아 돌아가며 질문자 역할을 하게 하고 나머지 학생들이 대답하도록 한다.
- 교사가 교실을 돌며 학생들과 일대일로 역할을 나누어 말해보도록 한다.

■ 보충학습

❶ 여러 색깔을 나타내는 말을 익히도록 한다.

❷ CD를 한번 듣고 교사가 읽은 뒤 학생들이 따라 읽도록 한다.(CD-5)

❸ 우리말로 알고 있던 몇 가지 색깔 이름이 한자어에서 왔음을 알려주어 이해를 돕는다.

- 주황색(朱黄色) : 빨강(朱)＋노랑(黄)으로 만들어진 색
- 초록색(草绿色) : 풀(草) 색
- 남색(蓝色) :   쪽풀(蓝)의 잎 색
- 분홍색(粉红色) : 빨강을 가루로 내어서 뿌려놓은 것 같은 색
- 연두색(软豆色) : 옅은 콩(豆) 색
- 회색(灰色) :   타고 남은 재(灰) 색

■ 说一说 2

❶ 교사가 A역할을 맡아 물으면 네 번째 문장에서 전체 학생이 교사의 색깔 카드를 보고 그 색깔에 맞도록 대답하도록 한다.

❷ 짝과 좋아하는 색깔을 묻고 답하는 활동을 하도록 한다.

[학생1] 你喜欢什么颜色?

[학생2] 我喜欢○色。你呢?

[학생1] 我喜欢○色。

[유의] 특히 '绿色'의 '绿(lǜ)' 발음을 주의하도록 한다. 입술의 모양이 움직이지 않음을 다시 한번 강조한다. 路(lù)의 발음과 비교하여 지도하도록 한다.

❸ CD를 다시 한번 들으며 따라 읽도록 한다.(CD-04)

Tip; **놀이**

▶ 준비물 : 색종이 12장(교재 p.13에서 배운 색깔)

① 전체 학생을 두 모둠으로 나눈 뒤, 교사가 보여주는 색종이의 색깔을 잘 기억하라고 알려준다.

② 교사가 먼저 한 모둠 앞에서 색종이를 하나 들어보이며 그 색깔 이름을 묻고, 학생들이 대답하도록 한다.

[교사] (파랑 색종이를 보여주며) 这是什么颜色?

[모둠1] 那是青色。

③ 교사가 다음 모둠 앞에서 또 다른 색종이를 하나 들어보이며 그 색깔 이름을 묻고, 학생들이 대답하도록 한다.

[교사] (노랑 색종이를 보여주며) 这是什么颜色?

[모둠2] 那是黄色。

④ 같은 방식으로 다시 몇 번 번갈아가며 묻고 대답하도록 한다.

⑤ 교사가 한 모둠 앞에서 손가락으로 숫자를 가리키며 물어보면 학생들은 그 숫자 차례에 보여준 색종이의 색깔에 맞게 대답하도록 한다.

[교사] (손가락으로 둘을 가리키며) 你们喜欢什么颜色?

[모둠1] 我们喜欢黄色。

⑥ 몇 번 되풀이하여 제대로 많이 맞힌 모둠이 이기는 것으로 한다.

[유의] 마지막 문제를 묻기 전에 물어보는 색깔을 많이 할수록 놀이의 난이도가 높아지고 흥미도 그만큼 많아진다. 모둠을 더 많이 하여 할 수도 있다.

정리 ‧‧‧‧‧‧‧‧

■ **배운 내용 확인하기**

● 오늘 배운 발음 ai, ei, uai, ui 및 단어를 학생들과 다시 함께 발음해본다.

● 说一说의 네 문장을 해석과 함께 천천히 반복하여 읽어주거나, 교사가 우리말로 말하면 학생들이 중국어로 표현하도록 유도한다.

● 여러 색깔 이름을 중국어로 함께 읽어본다.

■ **과제 제시**

● 운모 네 개 각각 열 번씩 읽으며 쓰기

● 말하기 부분 외워 오기 : 색깔 이름은 자기가 좋아하는 것으로 바꾸어 외우기

● 무지개 색깔 이름 두 번씩 쓰기(일곱 개, 한자와 병음 모두)

● 자기 가족이 좋아하는 색깔 알아 오기

■ **다음 시간 학습 내용 및 준비물 알려주기**

● 색칠하기 활동이 있음을 알려주고 각자 색연필이나 색 싸인펜을 준비하게 한다.

■ **교사의 다음 시간 준비**

● 풀, 가위, 스카치테이프

第一课　**彩虹**

학습목표

● 색칠하기 활동을 통해 색의 이름을 익히고 정확하게 읽을 수 있다.
● 스티커 붙이기 활동을 통해 색 이름의 한자와 병음을 복습할 수 있다.

도입 ┈┈┈ ■ **동기 유발**

❶ 올림픽 오륜기에 무슨 색깔이 들어가는지를 묻고 우리말로 대답하도록 한다.

❷ 그 말을 다시 중국어로 해볼 수 있는 학생들이 있는지 묻고 말하도록 한다.

❸ 다섯 가지 색깔이 무슨 대륙을 나타내는지 간단하게 설명하고 다음 활동으로 들어간다.

> 남색은 유럽, 노란색은 아시아, 검은색은 아프리카, 초록색은 오세아니아주, 빨간색은 아메리카를 의미하는데 왼쪽부터 남색, 노란색, 검은색, 초록색, 빨간색 순으로 이어져 있다. 다섯 가지 색은 각각 어떠한 특정 대륙을 상징한다기보다는 전 세계 국기에 많이 들어가는 색으로 꾸며진 것이라고 한다.

■ **학습 내용 확인하기**

● 색칠하기 활동을 통해 색의 이름을 익히고 정확하게 읽어본다.
● 스티커 붙이기 활동을 통해 색 이름의 한자와 병음을 복습한다.

전개 ┈┈┈ ■ **做一做 1**

❶ 교사가 오륜기에 있는 색깔의 색연필이나 색 싸인펜을 들고 학생들에게 묻고 대답하도록 한다.

> 교사 (남색 색연필이나 색 싸인펜을 들고) 这是什么颜色?
> 학생 蓝色。

❷ 같은 방법으로 나머지 색도 묻고 답하도록 한다.

❸ 오륜기 그림을 잘 보고 겹치는 부분에 주의하며 오륜기에 색칠하도록 한다.

❹ 색을 다 칠한 뒤 자기 색연필이나 색 싸인펜에 색 이름을 한자로 써 붙이도록 한다.

> 유의 수업 시간 중 활동이 먼저 끝난 학생들이 자발적으로 할 수 있도록 한다. 다음 차시에 계속해서 활용하거나 집에서 과제로 하도록 할 수도 있다.

■ 做一做 2

① 먼저 교사가 말풍선에 나오는 문장을 읽고 학생들이 따라 읽도록 한다.

② 교재에 나오는 친구들이 좋아하는 색깔을 찾아 색연필로 연결하도록 한다.

③ 짝꿍끼리 좋아하는 색깔에 대해 묻고 대답하도록 한다.

> [학생1] 你喜欢什么颜色?
>
> [학생2] 我喜欢红色。你喜欢什么颜色?
>
> [학생1] 我喜欢蓝色。

■ 做一做 3

① 보기에 나오는 병음을 정확하게 읽고 무슨 색을 나타내는지 우리말로 말하도록 한다.

② 옷 색깔에 알맞은 병음을 쓰고 스티커를 붙이도록 한다.

③ 학생들이 스티커를 잘 붙였는지 돌아다니며 확인한 뒤, 그 한자들을 다시 한번 공책에 쓰도록 한다.

> [유의] 교사가 먼저 칠판에 한 자씩 천천히 써서 필순을 보여준 뒤 학생들이 공책에 쓰도록 하여 바른 필순도 함께 익히도록 하는 것이 좋다.

정리

■ 과제 제시

● 가족들이 좋아하는 색깔을 알아보고 문장으로 만들어 오기(세 사람 이상)

■ 다음 시간 학습 내용 알려주기

● 두 부분을 합쳐 새로운 한자를 만들 것임을 알린다.

● 중국 학교 문화와 노래를 배울 것임을 알린다.

■ 교사의 다음 시간 준비

● 교재 p.16의 A와 B의 낱글자 카드 : 두 부분을 합쳤을 때 자연스럽게 한 글자 모양이 되도록 만들고, 자석이 뒤에 붙어 칠판에 붙일 수 있도록 만든다.

第一课 **彩虹**

학습목표

◉ 두 부분이 합쳐져 만들어지는 한자를 이해할 수 있다.
◉ 노래를 통해 무지개 색을 복습할 수 있다.

도입 ·········· ■ **동기 유발**

❶ 숙제 확인을 겸하여 가족들이 좋아하는 색깔을 묻고 대답하도록 한다. 교사가 학생 이름
을 한 학생씩 중국어로 부른 뒤 물어보고 대답하도록 한다.

| 교사 ○○, 你妈妈喜欢什么颜色? | 학생1 我妈妈喜欢红色。 |

| 교사 □□, 你爸爸喜欢什么颜色? | 학생2 我爸爸喜欢青色。 |

| 교사 ●●, 你弟弟喜欢什么颜色? | 학생3 我没有弟弟。 |

| 교사 那么你妈妈喜欢什么颜色? | 학생3 我妈妈喜欢黄色。 |

유의 묻는 가족이 마침 없을 경우에도 중국어로 대답하도록 한 뒤, 다시 한번 더 다른 가족으로 물어보아
말하기 연습을 이어갈 수 있도록 배려한다.

❷ 우리 반 엄마들 또는 아빠들이 가장 좋아하는 색이 무엇인지 우리말로 물어보고 대답을
들어본다.

■ **학습 내용 확인하기**

● 두 부분이 합쳐져 만들어지는 한자를 이해한다.

● 노래를 통해 무지개 색을 복습한다.

전개 ·········· ■ **练一练**

❶ A와 B에 나온 낱글자를 자세히 살펴보도록 한다.

❷ 칠판에 A와 B의 낱글자를 각각 붙여두고, 학생들을 시켜 새로운 글자를 칠판 위에서 만
들어보도록 한다.

❸ 제대로 완성된 글자를 잠시 붙여두어 전체 학생들이 보게 한 뒤, 모두 떼고 각각 교재에
해보도록 한다.

❹ 한자가 만들어진 원리를 설명하여 학생들의 이해를 돕는다.

> • 橙 : 귤색이므로 귤나무를 뜻하는 나무 목(木) 부수
> • 蓝 : 쪽이라는 풀에서 나온 색깔이므로 풀 초(艹) 부수
> • 灰 : 불을 덮어서 끄면 생기는 것이 바로 재(灰)

> 유의 원리를 지나치게 어렵게 설명하면 이해하기 어려우므로 흥미 중심으로 간단히 설명하고 넘어가도록 한다.

■ 看一看

❶ 학생들이 내용을 큰 소리로 읽도록 한다.

❷ 관련된 사진이나 자료를 보충하여 보여주면서 부가적인 설명과 함께 학생들의 이해를 돕도록 한다.

■ 唱一唱

❶ CD로 '彩虹' 노래를 먼저 두 번 들어본다.(CD-06)

❷ 학생들과 함께 교사가 손뼉을 치며 천천히 노래해보도록 한다.

❸ 교사가 먼저 한 줄을 하고 학생들이 그 다음 줄을 해보도록 한다.

❹ 학생들을 남·여 두 모둠으로 나누어 남학생들이 홀수 줄을, 여학생들이 짝수 줄을 노래하도록 하고 역할을 바꾸어 다시 한다.

❺ 동요에 나오는 '儿'에 대해 설명해준다. 우리말에서 '노랑'을 '노오랑'으로 바꾸어 쓰면 느낌이 달라지는 것처럼 이 노래에서도 그런 효과를 내기 위함임을 알려준다.

정 리 ·········· ■ **과제 제시**

● 본문 네 문장 외우기

● 워크북 1과 풀이해 오기

Tip; 놀이

> ▶ 준비물 : 추첨용 상자 1개 및 색깔 카드(彩虹, 红, 橙, 黄, 绿, 青, 蓝, 紫)
>
> ① 전체 학생을 8명씩으로 하여 모둠을 만든다.
>
> ② 한 모둠이 먼저 나와 상자에서 카드를 한 장씩 뽑은 뒤 카드를 다시 상자에 넣으면 다음 모둠의 학생들도 카드를 한 장씩 뽑아 서는 순서를 정한다.
>
> ③ '彩虹'을 뽑은 학생이 첫 번째, 그 다음은 무지개 색 순서대로 한 줄로 옆으로 늘어선다.
> ('빨주노초파남보' 순서)
>
> ④ 첫 번째 학생이 "彩虹的颜色"라고 말한다.
>
> ⑤ 두 번째 학생부터 무지개 색을 말하는데, 두 번째 학생은 "红", 세 번째 학생은 "红、橙", 네 번째 학생은 "红、橙、黄", 이런 식으로 색깔을 하나씩 더하여 여덟 번째 학생은 "红、橙、黄、绿、青、蓝、紫"라고 말한다.
>
> ⑥ 처음부터 끝까지 색깔을 틀리지 않고 머뭇거리지 않으며 말하는 모둠이 이기는 것으로 한다.
>
> 유의 먼저 "빨주노초파남보"를 우리말로 한번 연습한 뒤 하면 방법을 익히는 데 도움이 된다. 난이도를 높여서 하고 싶다면 같은 방식으로 색깔을 거꾸로 말해본다.

2 春夏秋冬

봄·여름·가을·겨울

단원 특성 사계절의 명칭을 익히고 각 계절의 특징을 소개하는 대화를 학습한다. 또한 기후에 대한 표현을 익히고, 좋아하는 계절에 대해 소개해본다. 'ɑo, ou, iɑo, iu'의 발음 방법을 익혀 각각 구별하여 발음할 수 있게 한다.

차시	학습 내용
1차시	'你喜欢哪个季节?'와 '韩国哪个季节最好?'라는 표현을 통해 좋아하는 계절을 묻고 답한다. '春天, 夏天, 秋天, 冬天, 季节, 最, 冷, 热'의 뜻과 읽는 방법을 알게 한다.
2차시	'ɑo, ou, iɑo, iu'의 발음 방법을 비교적 쉬운 단어로 연습해 보고, 좋아하는 계절과 그 이유를 묻고 답하게 한다.
3차시	가장 좋아하는 것들에 대해 중국어로 묻고 답해보고, 계절과 기후를 나타내는 낱말을 익히고 써보게 한다.
4차시	끝말잇기로 배운 단어를 익히며 '四季歌' 노래를 불러보게 한다.

第二课 春夏秋冬

⊙ '你喜欢哪个季节?'와 '韩国哪个季节最好?'라는 표현을
통해 좋아하는 계절을 묻고 답한다.

⊙ '春天, 夏天, 秋天, 冬天, 季节, 最, 冷, 热'의 뜻과 읽는
방법을 알게 한다.

도입

■ 동기 유발

① 전 차시에 배운 노래를 율동과 함께 해본다.

② 우리나라의 계절별 기후의 특성을 알아본다.

> • 봄   : 따뜻해진다, 꽃이 핀다
> • 여름 : 덥다, 비가 많이 온다
> • 가을 : 서늘하다, 단풍이 든다
> • 겨울 : 춥다, 눈이 내린다
>
> 유의 날씨보다 기후는 광범위한 개념으로 접근한다. 하루의 날씨가 아닌 계절의 흐름을 생각해보도록 유
> 도한다.

■ 학습 내용 확인하기

● '你喜欢哪个季节?'와 '韩国哪个季节最好?'라는 표현을 이용하여 좋아하는 계절을
묻고 답해본다.

● '春天, 夏天, 秋天, 冬天, 季节, 最, 冷, 热'의 뜻과 읽는 방법을 배워 말해본다.

전개

■ 본문 1

① CD를 두 번 되풀이하여 들려준다.(CD-08)

② CD를 다시 들으며 학생들이 따라 읽도록 한다.(CD-08)

> • 전체 학생을 두 모둠(분단이나 남·여 모둠)으로 나누어 A, B를 번갈아 따라 읽는다.
> • 먼저 교사와 학생들이 대화를 하고 역할을 바꾸어본다.
> • 다음에는 학생들을 두 모둠으로 나누어 말해보도록 한다.
> • 익숙해지면 잘하는 학생 몇 명을 뽑아 돌아가며 말해보도록 한다.

■ 단어

❶ 단어 의 한자와 병음을 칠판에 쓴다.

칠판에 병음을 쓸 수 있도록 네 줄을 그린 뒤, 한어병음과 성조를 줄에 맞추어 쓰고, 바로 아래에 해당 한자를 바르게 쓴다.

❷ 한자를 쓸 때는 정자로 순서를 강조하며 쓰게 한다.

> 유의 • '不'는 4획이라는 것을 알면서도 빨리 쓰다보면 3획으로 쓰는 학생들이 많다. 꼭 4획으로 쓸 수 있도록 천천히 써서 보여준다.
> • '也'를 쓸 때는 'ㄱ' 부분이 첫 번째 획이 됨을 강조한다.

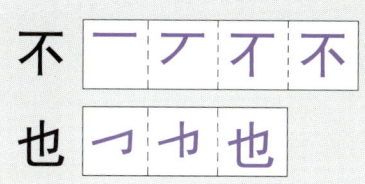

❸ '冷'과 '热'을 발음할 때는 'l'와 'r'의 발음이 다르다는 것을 이해하고 발음할 수 있도록 한다.

정리 .... ■ 배운 내용 확인하기

● 본문 네 문장을 해석과 함께 천천히 반복하여 읽어주거나 교사가 우리말로 말하면 학생들이 중국어로 표현하도록 유도한다.

■ 과제 제시

● 오늘 배운 단어의 병음과 한자를 다섯 번씩 쓰기

● 본문 네 문장 외워 오기

■ 다음 시간 학습 내용 알려주기

● 중국어의 운모 ao, ou, iao, iu를 배울 것임을 알린다.

● 계절과 기후에 대해 공부할 것임을 알린다.

■ 교사의 다음 시간 준비

● 발음 공부용 낱말 카드, 각 계절을 나타내는 그림 카드와 낱말 카드(칠판에 게시할 수 있도록 만든다.)

第二课 **春夏秋冬**

학습목표

- ao, ou, iao, iu의 발음을 정확하게 따라할 수 있다.
- 좋아하는 계절과 그 이유를 묻고 답할 수 있다.

도입 ■ **동기 유발**

❶ 전 차시에 배운 대화를 학생들끼리 묻고 답하게 한다.

학생1 你喜欢哪个季节?   학생2 我喜欢春天。

학생3 韩国哪个季节最好?   학생4 秋天最好。不冷也不热。

■ **학습 내용 확인하기**

- ao, ou, iao, iu를 정확하게 발음해본다.

- 좋아하는 계절과 그 이유를 묻고 대답해본다.

전개 ■ **念一念**

❶ 운모 ao, ou, iao, iu를 칠판에 쓴다.

❷ CD를 들려주고, 학생들에게 들은 대로 발음해보도록 한다. 틀린 학생이 있을 경우 교정 해준다.(CD-10)

유의 • 'ao'는 '아오'라고 발음하고, 'ou'는 '오우'로 발음하는 것보다 '어우'에 가깝게 발음하도록 한다.
  • 'iu'를 단독으로 발음할 때는 우리말 '이우'보다는 '이(어)우'에 가깝게 발음하도록 한다.

❸ 성모 g, k, h와 ao, ou / j, q, x와 iao, iu로 나누어 칠판에 쓰고 짝 맞추어 읽을 수 있도록 연습한다.

g – ao – gao	k – ao – kao	h – ao – hao
g – ou – gou	k – ou – kou	h – ou – hou
j – iao – jiao	q – iao – qiao	x – iao – xiao
j – iu – jiu	q – iu – qiu	x – iu – xiu

유의 'iao', 'iu'를 성모 없이 그냥 쓸 때는 'yao', 'you'로 바꾸어 써야 함을 강조한다.

■ 说—说 1

❶ CD를 두 번 들려준다.(CD-11)

❷ CD를 다시 들으며 학생들이 따라 읽도록 한다.(CD-11)

❸ 다양한 방법으로 말하기 연습을 한다.

> • 먼저 교사가 A, 학생들이 B역할을 맡아 말하기 연습을 한 후 역할을 바꾸어 연습한다.
> • 전체 학생들을 두 모둠으로 나누어(남·여, 짝꿍 등) 묻고 답하도록 한다.
> • 잘하는 학생 몇 명을 뽑아 돌아가며 질문자 역할을 하고 나머지 학생들이 대답하도록 한다.
> • 교사가 교실을 돌며 학생들과 일대일로 역할을 나누어 말해보도록 한다.

■ 보충학습

❶ 여러 계절과 관련된 기후를 나타내는 말을 익히도록 한다.

> 유의 그 계절을 가장 잘 나타내는 기후를 여러 가지 방식으로 연습하도록 한다.

❷ '很', '真', '最', '不' 와 기후를 나타내는 말을 연결하여 연습하도록 한다.

> • 很暖和   -   真暖和   -   最暖和 / 不暖和
> • 很热   -   真热   -   最热   / 不热
> • 很凉快   -   真凉快   -   最凉快 / 不凉快
> • 很冷   -   真冷   -   最冷   / 不冷

❸ 교사가 계절을 말하면 학생들이 한 명씩 돌아가며 위에서 연습한 관련된 말을 넣어 말하도록 한다.

> 교사 ▶ 春天   학생 ▶ 春天很暖和。 / 春天真暖和。 / 春天不冷。
> 교사 ▶ 冬天   학생 ▶ 冬天不热。 / 冬天不暖和。 / 冬天真冷。 / 冬天很冷。

> 유의 순서에 상관없이 뜻이 통하는 여러 가지 대답이 나올 수 있도록 유도한다.

❹ 계절이나 기후와 관련된 간단한 단어를 몇 가지 더 알려주어도 좋다.

> • 春天 : 开花 kāi huā 꽃이 피다   春游 chūnyóu 봄소풍
> • 夏天 : 台风 táifēng 태풍   梅雨 méiyǔ 장마   暑假 shǔjià 여름 방학
> • 秋天 : 中秋节 zhōngqiūjié 추석   秋游 qiūyóu 가을소풍
> • 冬天 : 寒假 hánjià 겨울 방학   滑雪 huáxuě 스키(를 타다)

❺ CD를 한번 듣고 교사가 읽은 뒤 학생들이 따라 읽도록 한다.(CD-12)

■ 说一说 2

❶ 자기가 가장 좋아하는 계절과 그 이유를 말해보게 한다.

(자기가 가장 좋아하는 계절이 봄일 경우)

교사 ▷ 你最喜欢哪个季节?

학생 ▷ (봄 낱말 카드를 들고) 我最喜欢春天。

교사 ▷ 为什么?

학생 ▷ (봄 낱말 카드의 뒷면 그림을 보여주며) 春天很暖和。

(같은 방법으로 여름, 가을, 겨울도 발표하게 한다.)

유의 '哪'는 '어느'라는 뜻으로 의문문에 쓰이며 반드시 3성으로 발음해야 하고 暖和의 和(hé, huó, huò)는 경성(huo)으로 발음한다.

❷ 낱말카드와 그림카드를 이용하여 반복하여 학습할 수 있도록 한다.

정리 ·········· ■ 배운 내용 확인하기

● 오늘 배운 발음 ao, ou, iao, iu 및 단어를 학생들과 다시 함께 발음해본다.

● 说一说의 네 문장을 해석과 함께 천천히 반복하여 읽어주거나, 교사가 우리말로 말하면 학생들이 중국어로 표현하도록 유도한다.

■ 과제 제시

● 교재 p.21 보충학습 계절의 명칭과 특징 외워 오기

■ 다음 시간 학습 내용 및 준비물 알려주기

● 계절과 기후를 나타내는 단어를 쓰면서 익힐 것임을 알린다.

■ 교사의 다음 시간 준비

● 계절 그림 카드, 단어 카드, 문장 카드

第二课 **春夏秋冬**

도입 ━━━━ ■ **동기 유발**

❶ 지난 시간에 배운 내용을 속담을 통해 알아본다.

> 교사 ○ 비는 쌀비다. ○ 추위가 장독 깬다.
>
> 학생 春天 낱말 카드를 든다.
>
> 교사 아침 소나기는 반드시 갠다. 장마 끝물의 참외는 거저 줘도 안 먹는다.
>
> 학생 夏天 낱말 카드를 든다.
>
> 교사 ○ 비는 빗자루로도 피한다. ○ 안개에는 풍년 든다.
>
> 학생 秋天 낱말 카드를 든다.
>
> 교사 ○에 눈이 많이 오면 보리 풍년이 든다.
>
> 학생 冬天 낱말 카드를 든다.

■ **학습 내용 확인하기**

● 계절과 기후를 나타내는 단어를 익혀 써본다.

● 가장 좋아하는 것들에 대해 묻고 답해본다.

전개 ━━━━ ■ **做一做 1**

❶ 계절을 나타내는 春天, 夏天, 秋天, 冬天과 어울리는 그림을 찾아 한자와 병음으로 쓰게 한다.

❷ 칠판에 병음을 쓸 수 있도록 네 줄을 그린 뒤, 학생들이 나와서 직접 칠판에 써보도록 한다. 한자를 쓸 때는 정자로 순서를 강조하며 쓰게 한다.

■ **做一做 2**

❶ 친구들이 좋아하는 계절과 날씨를 알아보고, 계절과 어울리게 문장을 완성하기

교사 │ 你们喜欢哪个季节?

학생1 │ (가을을 좋아할 경우) 我喜欢秋天, 秋天很凉快。

학생2 │ (봄을 좋아할 경우) 我喜欢春天, 春天很暖和。

■ 做一做 3

❶ 계절의 이름을 알고, 좋아하는 계절과 그 이유를 설명해보게 한다.

> • 각 계절별 그림과 낱말 카드를 준비한다.
> • 그림을 먼저 제시하고 그림의 내용을 중국어로 말해보도록 한다.
>
> 교사 │ 수영 그림 카드를 제시한다   학생 │ 游泳
>
> • 계절의 특징을 듣고 계절을 나타내는 낱말 카드를 찾게 한다.
>
> 교사 │ 不冷也不热。   학생 │ 秋天 낱말 카드 찾기

❷ 학생들이 빈칸에 단어를 쓰고, 자신이 만든 문장을 반복하여 소리내어 말해보도록 한다.

> 유의 학생이 칠판에 쓰고 전체 학생이 교재에 쓰는 활동은 시간이 허락하는 범위에서 한 단어씩 반복하는 것이 좋으며 칠판에 한 명이 쓸 수도 있지만 두세 명이 써서 자형 등을 상호 학습할 기회를 제공하는 것도 좋다.

❸ 가장 좋아하는 것을 묻는 방법 확인하기

> • 문장 카드를 제시하고 좋아하는 것을 묻는 표현과 가장 좋아하는 것을 묻는 표현의 다른 점 을 찾아보도록 한다.
>
> 문장카드1: 你喜欢哪个季节?   문장카드2: 你最喜欢哪个季节?
>
> 유의 우리말에서 '가장'을 뜻하는 말로 '最'를 사용하며 문장 중에 '最'의 위치를 확인하게 한다.

■ 做一做 4

❶ 짝꿍과 함께 가장 좋아하는 것들에 대해 묻고 답하게 한다.

학생1 │ 你最喜欢哪个~?   학생2 │ 我最喜欢~。

❷ 좋아하는 계절, 좋아하는 나라, 좋아하는 숫자, 좋아하는 색깔 등을 묻고 답한 내용을 교 재에 적게 한다.

정리 ┈┈┈ ■ 과제 제시

● 자기가 좋아하는 계절, 좋아하는 나라, 좋아하는 숫자, 좋아하는 색깔 등을 묻고 답한 내 용을 외워서 두 번 써 오기

■ 다음 시간 학습 내용 알려주기

● 지금까지 배운 단어를 이용해 끝말잇기를 할 것임을 알린다.

● 중국 학교 문화와 노래를 배울 것임을 알린다.

■ 교사의 다음 시간 준비

● 4차시에 배울 내용의 한자 카드(끝말잇기 자료)

春夏秋冬

학습목표

◉ 끝말잇기로 배운 단어를 익혀 쓸 수 있다.
◉ '四季歌' 노래를 계절의 특징을 생각하며 부를 수 있다.

도입

■ **동기 유발**

❶ 전 시간에 과제로 내준 문장을 발표하게 한다.

❷ 끝말잇기 놀이를 간단하게 한다. 아이들이 놀이에만 빠지지 않도록 짧은 시간 동안 주의 집중이 되도록 하며, 길게 이어가기 보다는 교사가 단어를 이야기하고 한두 명이 이어가는 정도로 하는 것이 좋다.

■ **학습 내용 확인하기**

● 끝말잇기로 배운 단어를 익혀 써본다.

● 중국 학교 문화와 노래를 배운다.

전개

■ **练一练**

❶ 색칠한 부분은 가린 상태에서 교사가 준비한 글자 카드를 칠판에 게시한다.

好看 - 看电视	秋天 - 天气
同学 - 学校	外公 - 公园

❷ 학생들이 이어지는 낱말들을 찾아내도록 한다.

❸ 바르게 찾았을 경우 가린 부분을 떼고 큰 소리로 읽어보도록 한다.

■ **看一看**

❶ 학생들이 내용을 큰 소리로 읽도록 한다.

❷ 관련된 사진이나 자료를 보충하여 보여주면서 부가적인 설명과 함께 학생들의 이해를 돕도록 한다.

■ 唱—唱

❶ CD로 '四季歌' 노래를 먼저 두 번 들어본다.(CD-13)

❷ 새로 나온 단어 知了, 叫, 树叶, 落, 雪花, 飘를 설명해준다.

❸ 노래가 익숙해지면 네 사람을 한 모둠으로 하여 '四季歌' 노래를 한 줄씩 받아서 부르도록 해본다.

❹ 잘하는 모둠은 앞으로 나와 친구들 앞에서 노래하고, 끝나면 "很好!"라고 칭찬해준다.

정리 ┈┈┈ ■ 과제 제시

● 본문 네 문장 외우기

● 워크북 2과 풀이해 오기

Tip; 놀이

① 전체 학생을 두 모둠으로 나누고 모두 일으켜 세운다.

② 맨 앞줄 학생부터 '계절 이름 – 관련 단어 – 계절 이름 – 관련 단어~'의 순으로 말하고 말한 사람은 앉도록 한다.

예 春天 – 봄소풍 – 夏天 – 热 – 秋天 – 가을운동회 – 冬天 – 滑雪 – 春天 – 开花 – 夏天 – 해수욕장 – 秋天 – 단풍~

[모둠 1]   [모둠 2]

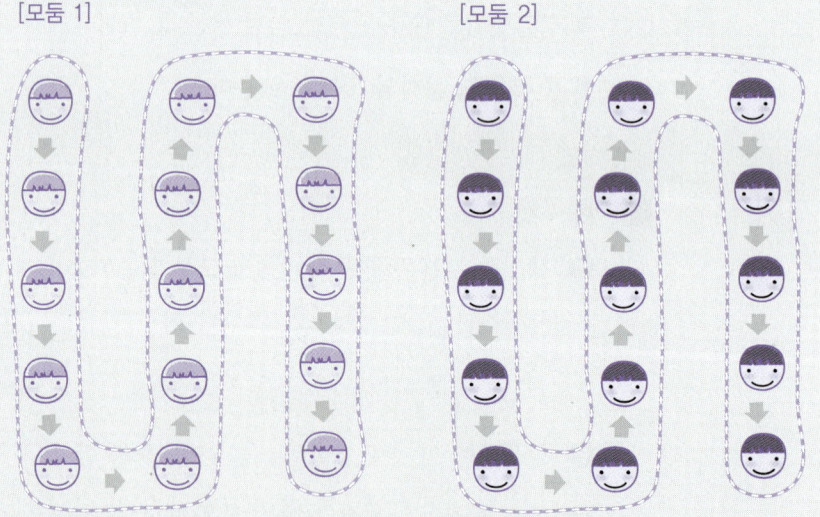

③ 관련 단어를 중국어로 말하면 +1점을 하고, 다른 친구들이 힌트를 주면 –1점을 한다.

④ 점수가 높으면서 먼저 끝나는 모둠이 이기는 것으로 한다.

유의 상대방 모둠이 말한 단어는 말하지 못하도록 해야 놀이의 재미가 더해진다.

3 东南西北

동남서북

단원 특성 : 사방을 나타내는 기본 어휘를 학습한다. 또한 방향을 묻고 답하는 활동을 한다.
ia, ua, uo의 발음 방법을 익히고 각각 구별하여 발음할 수 있도록 한다.

차시	학습 내용
1차시	'西边是公园吗?'와 '邮局在哪儿?'라는 표현을 통해 방향을 묻고 답하는 방법을 익힌다. 그리고 '西边, 邮局, 在, 北边'의 뜻과 읽는 방법을 알게 한다.
2차시	ia, ua, uo의 발음 방법을 비교적 쉬운 단어로 연습해보고, 방향을 표현하는 문장을 연습한다.
3차시	방향을 나타내는 단어를 익혀서 써본다. 또한 방향을 생각해서 질문에 대답해보게 한다.
4차시	방향을 나타내는 한자가 들어가는 낱말을 만들어보고, 중국의 학교 문화를 둘러본다. 그리고 '前后左右' 노래를 통해 방향과 관련된 단어를 익히도록 한다.

第三课　**东南西北**

학습목표

⊙ 본문의 표현을 알아듣고 말할 수 있다.

⊙ 본문 문장에 나온 단어의 뜻을 알고, 읽고 쓸 수 있다.

도입

■ 동기 유발

❶ 전 차시에 배운 '四季歌' 노래를 부른다.

❷ 중국에서도 동서남북이라고 할까? 제목을 보고 왜 중국에서는 동남서북이라고 하는지 생각해보게 한다.

■ 학습 내용 확인하기

● '西边是公园吗?' 와 '邮局在哪儿?' 라는 표현을 통해 방향을 묻고 답해본다.

● '西边, 邮局, 在, 北边' 의 뜻을 알고 말해본다.

전개

■ 본문

❶ CD를 두 번 되풀이하여 들려준다. (CD-15)

　유의 자기가 알아들을 수 있는 말이 무엇인지 주의해서 듣도록 지도하고, 학생들에게 알아들은 말에 대해 서로의 의견을 나누어보도록 한다.

❷ CD를 다시 들으며 학생들이 따라 읽도록 한다. (CD-15)

전체 학생을 두 모둠(분단이나 남·여 모둠으로 나누어본다)으로 나누어 A, B를 번갈아 따라 읽도록 한다.

❸ '是'의 용법을 설명해준다. 존재를 나타내며, 주어로는 일반적으로 장소를 나타내는 말이 쓰이고 '是' 뒤에 사물이 제시된다.

　예 前面是海, 后面是山。

■ 단어

❶ 단어 의 한자와 병음을 쓴다.

칠판에 병음을 쓸 수 있도록 네 줄을 그린 뒤 한어병음과 성조를 줄에 맞추어 쓰고, 바로 아래에 해당 한자를 바르게 쓴다.

❷ 한자를 쓸 때는 정자로 순서를 강조하며 쓰도록 한다.

> 유의 · '边'을 쓸 때는 '力' 부분을 먼저 쓰고, 'ㄴ' 부분은 3획으로 써야 함을 강조한다.

· '邮'를 쓸 때는 'ß' 부분은 2획으로 써야 함을 강조한다.

· '局'를 쓸 때는 'ㅣ' 부분이 세 번째 획이 됨을 강조한다.

· '北'를 쓸 때는 'ㅣ' 부분이 첫 번째 획이 됨을 강조한다.

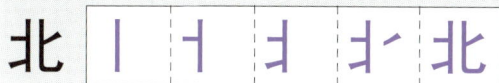

❸ '西边'과 '北边'의 '边'은 원래 성조가 아닌 경성으로 읽어야 함을 강조한다.

❹ '邮局'를 설명할 때는 우리가 쓰는 '우체국'이 한자어임을 알리고 그 한자가 같음을 말해준다.

정리

■ 배운 내용 확인하기

● 본문 네 문장을 해석과 함께 천천히 반복하여 읽어주거나 교사가 우리말로 말하면 학생들이 중국어로 표현하도록 유도한다.

■ 과제 제시

● 오늘 배운 단어의 병음과 한자를 각각 다섯 번씩 쓰기

■ 다음 시간 학습 내용 알려주기

● 중국어의 운모 ia, ua, uo를 배울 것임을 알린다.

● 방향을 나타내는 단어를 공부할 것임을 알린다.

■ 교사의 다음 시간 준비

● 발음 공부용 카드(앞에는 그림, 뒤에는 한자와 한어병음이 쓰인 큰 카드 : A4 크기), 낱말 카드와 문장 카드

第三课 东南西北

학습목표

◉ ia, ua, uo를 정확하게 구분하고 발음할 수 있다.

◉ 방향을 표현하는 문장을 익혀 말할 수 있다.

도입 ── ■ **동기 유발**

● '四'와 '十'의 발음에 유의하며 잰말놀이 하기

- 1단계 : 四是四. 十是十。
- 2단계 : 十四是十四. 四十是四十。
- 3단계 : 十四不是四十. 四十不是十四。

■ **학습 내용 확인하기**

● 중국어 발음의 ia, ua, uo를 배운다.

● 방향을 표현하는 문장을 연습한다.

전개 ── ■ **念一念**

❶ 운모 ia, ua, uo를 칠판에 쓴다.

❷ CD를 들려주고, 학생들에게 들은 대로 발음해보도록 한다. 틀린 학생이 있을 경우 교정해준다.(CD-17)

> 유의　· 'ia'는 우리말로 그냥 '야'라고 발음하지 말고, '이아'에 가깝게 발음하도록 한다.
> · 'uo'는 우리말로 '우어'에 가깝게 발음하도록 한다.

❸ 성모 j, q, x와 ia / g, k, h와 ua, uo로 나누어 칠판에 쓰고 짝 맞추어 읽을 수 있도록 연습한다.

j – ia – jia	q – ia – qia	x – ia – xia
g – ua – gua	k – ua – kua	h – ua – hua
g – uo – guo	k – uo – kuo	h – uo – huo

> 유의　· 'ia'를 성모 없이 그냥 쓸 때는 'ya'로 바꾸어 써야 함을 강조한다.
> · 'ua', 'uo'를 성모 없이 그냥 쓸 때는 'wa', 'wo'로 바꾸어 써야 함을 강조한다.

■ **说一说 1**

❶ CD를 두 번 들려준다.(CD-18)

❷ CD를 다시 들으며 학생들이 따라 읽도록 한다.(CD-18)

❸ 학생들이 A, 교사가 B역할을 맡아 말하기 연습을 한 후 역할을 바꾸어 다시 연습한다.

■ **보충학습**

❶ 여러 방향을 나타내는 말을 익히도록 한다.

> **유의** 방향을 나타내는 말 뒤에 붙는 '边'은 모두 경성으로 읽어야 함을 다시 한번 강조한다.

❷ 학생들을 앉은 자리에 따라 방향을 나누고, 교사가 우리말로 방향을 말하면 해당하는 자리에 앉은 학생들이 다 같이 크게 중국어로 그 방향을 말하도록 한다.

교사

西边	北边		北边	北边		北边	北边		北边	东边
西边	里边		里边	里边		里边	里边		里边	东边
西边	里边		里边	里边		里边	里边		里边	东边
西边	里边		里边	里边		里边	里边		里边	东边
西边	南边		南边	南边		南边	南边		南边	东边

교사 :	북쪽	'北边' 학생들 :	北边
교사 :	동쪽	'东边' 학생들 :	东边
교사 :	바깥쪽	파란색으로 표시한 학생들 :	外边
교사 :	앞쪽	맨 앞줄 학생들 :	前边
교사 :	뒤쪽	맨 뒷줄 학생들 :	后边

> **유의** 위치에 따라서 어떤 학생들은 여러 가지 방향을 맡아서 대답하도록 할 수도 있다.
>
> **예** 北边 – 前边 – 外边 / 西边 – 左边 / 里边 – 中间

❸ '边'과 '面'이 들어가는 간단한 단어를 몇 가지 더 알려주어도 좋다.

旁边 pángbian 옆쪽	左边 zuǒbian 왼쪽	右边 yòubian 오른쪽
前面 qiánmian 앞쪽	后面 hòumian 뒤쪽	里面 lǐmian 안쪽
外面 wàimian 바깥쪽	上面 shàngmian 위쪽	下面 xiàmian 아래쪽

❹ CD를 한번 듣고 교사가 읽은 뒤 학생들이 따라 읽도록 한다.(CD-19)

■ 说一说 2

❶ 앞뒤의 위치와 장소를 바꾸어가며 '是'와 '在'를 번갈아 넣으며 문장을 만들어 연습한다.

前边是学校。	→ 学校在前边。	后边是丁丁家。	→	丁丁家在后边。
东边是公园。	→ 公园在东边。	南边是朋友家。	→	朋友家在南边。
西边是医院。	→ 医院在西边。	北边是图书馆。	→	图书馆在北边。

유의 1권 1과에서 배운 '我是丁丁'의 '是'는 '~이다'라는 뜻으로 쓰이지만 여기에 나오는 '是'는 위치를 나타내는 '在'의 뜻으로 쓰임을 알려준다.

❷ 방향을 나타내는 前边, 后边, 中间, 外边, 里边을 넣어 문장을 만들어본다.

儿子在前边。	爸爸在中间。	妈妈在后边。
老师在里边。	老师在里边上课。	
学生们在外边。	学生们在外边踢球。	

정리 ········ ■ **배운 내용 확인하기**

● 오늘 배운 발음 ia, ua, uo 및 단어를 학생들과 다시 함께 발음해본다.

● 说一说의 네 문장을 해석과 함께 천천히 반복하여 읽어주거나, 교사가 우리말로 말하면 학생들이 중국어로 표현하도록 유도한다.

● 방향을 나타내는 말을 중국어로 함께 읽어본다.

■ **과제 제시**

● 운모 세 개 각각 열 번씩 읽으며 쓰기

● 말하기 부분 외워 오기

● 방향을 나타내는 말 두 번씩 쓰기(한자와 병음 모두)

■ **다음 시간 학습 내용 및 준비물 알려주기**

● 방향을 나타내는 단어와 관련된 문제를 풀 것임을 알린다.

■ **교사의 다음 시간 준비**

● 방향을 나타내는 낱말 카드, 방위표

第三课　**东南西北**

학습목표

◉ 방향을 나타내는 단어를 익혀서 쓸 수 있다.
◉ 방향을 생각하며 질문에 대답할 수 있다.

도입

■ **동기 유발**

❶ 과제를 확인하면서 중국어 쓰기에 대해 잊지 않도록 중요한 부분이나 틀린 부분들을 설명해준다.

❷ 교실에 앉은 자리를 보고 방향을 나타내는 말로 표현해본다.

　교사 ○○在哪儿?

　학생 ○○在□□的(방향)。

■ **학습 내용 확인하기**

● 방향을 나타내는 단어를 익혀서 써본다.

● 방향을 생각하며 질문에 대답한다.

전개

■ **做一做 1**

❶ 학생 세 명이 앞으로 나와서 1열로 선 뒤 학생의 위치를 中间, 后边, 前边을 사용하여 중국어로 말해보게 한다.

　학생1在학생2的(后边 또는 前边)。
　학생2在학생1和학생3的中间。

❷ 학생 한 명을 복도에 서 있게 한 뒤, 복도에 있는 학생과 교실에 있는 학생의 위치를 중국어로 말해보게 한다.

　○○在里边, □□在外边。

❸ 교재 p.30의 그림을 보고 빈칸에 알맞은 방향을 쓰게 한다.

■ 做一做 2

❶ 지도에 나온 지명을 중국어로 정확히 읽어보도록 한다.

❷ 지도에서 방위표를 보고 동남서북의 위치를 알게 한다.

❸ '무엇은 어디에 있다'를 나타낼 때 쓰는 '在'를 이용하여 각 도시의 위치를 말해보게 한다.

> 교사 ○○在哪儿?

> 학생 ○○在□□的(东边, 南边, 西边, 北边)。

❹ 빈칸에 东边, 南边, 西边, 北边 중에서 알맞은 것을 찾아 쓴다.

■ 做一做 3

❶ 다음 기본 문형을 가지고 짝꿍과 함께 여러 가지 문장을 만들어보게 한다.

> 학생1 ○○在哪儿?

> 학생2 ○○在□□的●●。

> 유의 미완성 문장을 말할 경우라도 반드시 격려해서 완성된 문장을 말할 수 있도록 기회를 주도록 한다. 시간이 걸리더라도 학생 스스로 문장을 완성하면 크게 칭찬해준다.

❷ 교재 p.31의 딩딩집을 기준으로 슈퍼, 병원, 공원의 위치를 그림 지도에서 찾아보게 한다. 교사와 함께 딩딩의 집과 찾고자 하는 위치를 연필로 선을 긋고 '~在~的~。'와 같은 형태로 말하게 한다.

Tip; ◆ '上下左右' 놀이

① 이미 배운 '上、下'를 복습하며 '上、下、左、右'를 연습하는 놀이이다.

② 교사가 '上、下、左、右'를 순서에 상관없이 말하며, 말할 때마다 동작을 함께 하는데, '上'이라고 말하면서 고개를 위로, '下'는 아래로, '左'는 자기의 왼쪽으로, '右'는 자기의 오른쪽으로 돌린다.

③ 학생들은 교사의 말과 몸짓을 그대로 따라한다.

④ 교사는 때로 말과 몸짓을 달리 하여 학생들을 혼동시킨다. 이때 교사의 말이 우선이므로 학생들은 교사의 말을 따라해야 한다.

⑤ 교사의 말과 다르게 고개를 돌린 학생은 탈락하는 것으로 하여 끝까지 남는 학생이 이기는 것으로 한다.

> 유의 처음에는 '上、下、左、右'를 몸짓까지 똑같이 하여 순서를 섞어가며 놀이를 하다가 좀 익숙해지면 말과 몸짓을 달리 하여 학생들을 혼동시킨다. 교사가 말의 속도를 빨리 할 수 있어야 재미가 더해진다. 깃발을 사용하면 집중력을 더 높일 수 있다.

정리 ········ ■ **과제 제시**

● 오늘 배운 방향을 나타내는 '东边, 南边, 西边, 北边, 里边, 外边, 前边, 后边, 中间'을 두 번씩 쓰고 외워 오기

■ **다음 시간 학습 내용 알려주기**

● 중국 학교 문화와 노래를 배울 것임을 알린다.

■ **교사의 다음 시간 준비**

● 동남서북 글자 카드, 자석

3
과

东南西北

학 습 목 표

◉ 동남서북이 들어가는 단어를 만들 수 있다.

◉ '前后左右' 노래를 부를 수 있다.

도입

■ **동기 유발**

❶ 교사가 부록의 방향과 관련된 낱말 카드의 그림을 보여주면 학생이 중국어로 말해보도록 한다.

❷ 교실에서 동남서북의 위치를 알아본 뒤 앞, 뒤, 왼쪽, 오른쪽의 방향을 말하게 한다.

前面是( )，后面是( )，左面是( )，右面是( )。

유의 ( )에는 东南西北를 각각 알맞게 넣어 문장을 완성한다.

■ **학습 내용 확인하기**

● 방향을 나타내는 한자가 들어가는 낱말을 만든다.

● 방향을 나타내는 말을 생각하며 '前后左右' 노래를 불러본다.

전개

■ **练一练**

❶ 동, 남, 서, 북의 글자 카드를 칠판에 자석으로 각 방향에 맞추어서 제시한다.

❷ 교재 p.32에 나오는 글자들을 동남서북 카드 뒤에 쓰거나 붙인다.

유의 중복되는 글자들이 많으므로 겹쳐서 제시하고 사용할 때 하나씩 들어내서 사용한다. 같은 글자들도 여러 개가 제시되면 학생들이 부담스러워 한다는 점에 유의한다.

❸ 东京, 东西, 南瓜, 南极, 西服, 西瓜, 北京, 北极 글자를 교사를 따라 읽어보게 하고 글자의 뜻을 설명해준다.

■ **看一看**

❶ 학생들이 내용을 큰 소리로 읽도록 한다.

❷ 시간표에서 학생들의 이해가 부족한 부분을 설명해주도록 한다.

语文 국어	数学 수학	英语 영어	阅读 읽기
自然 과학	唱游 음악	美术 미술	书法 서예
体育 체육	英语口语 영어회화	班会课 학급회의	自习课 자율학습

■ 唱—唱

❶ CD로 '前后左右' 노래를 방향을 생각하며 두 번 들어본다.(CD-20)

❷ 노래에 새로 나온 단어(前后左右, 早晨, 起来, 面向, 太阳, 左面, 右面)를 설명해준다.

❸ 짝을 지어 마주보고 율동을 만들어 노래와 함께 해보도록 한다.

> 유의 이 노래는 기본적인 8가지 방향(전, 후, 좌, 우, 동, 서, 남, 북)을 익히는 노래이므로 동쪽을 바라보며 팔을 벌리고 서서 노래에 맞추어 방향을 가리키며 부르면 방향을 더욱 잘 이해할 것이다.

정리 ┈┈┈┈ ■ **과제 제시**

● 본문 네 문장 외우기

● 워크북 3과 풀이해 오기

■ **다음 시간 교사 준비**

● 읽기 보드 게임 말판(모둠별 1개), 주사위(모둠별 1개), 말(개별 1개)

3
과

▶준비물 : 정사각형 16칸(4×4)을 그린 A4 용지 40장(한 반 학생 수만큼) – 빙고 놀이용

① 전체 학생에게 A4 용지를 한 장씩 나누어준다.

② 학생들에게 방향을 나타내는 말 14개(东边, 南边, 西边, 北边, 中间, 旁边, 前边, 后边, 里边, 外边, 左边, 右边, 上边, 下边)와 '자기 이름', '学校'를 각 칸에 순서 없이 쓰도록 한다.

> 유의
> • 학생들이 배우지 않았거나 잘 생각나지 않는 단어는 한자와 병음을 칠판에 써주고 미리 설명해주 도록 한다.(旁边 pángbian, 左边, 右边, 上边, 下边)
> • 학생들의 학습 정도에 따라 난이도를 낮출 경우 9칸짜리 빙고판을 이용할 수도 있다.

③ 학생들이 다 쓴 것을 확인한 뒤, 색칠하는 규칙을 설명한다.

• 방향을 나타내는 말을 부르면 그 반대말에 색칠하도록 한다.

> 예 前边 → 后边 / 东边 → 西边 / 中间 → 旁边

> 유의 반대말을 잘 이해할 수 있도록 시작하기 전에 다 같이 큰 소리로 연습하도록 한다.

• '是谁?'라고 하면 '자기 이름'에, '在哪儿?'이라고 하면 '学校'에 색칠하도록 한다.

교사	前边		전체학생	'后边'에 색칠
교사	东边		전체학생	'西边'에 색칠
교사	是谁?		전체학생	'자기 이름'에 색칠
교사	在哪儿?		전체학생	'学校'에 색칠

南边	里边	学校	中间
后边	东边	西边	下边
左边	右边	北边	前边
外边	旁边	철수	上边

④ 교사가 큰 소리로 단어를 불러주고 먼저 세 줄을 모두 연결한 학생이 '빙고'라고 소리치면 이기는 것 으로 한다.

> 유의 반대말을 색칠하는 것이므로 교사가 꼼꼼히 확인하도록 하고, 틀린 것이 있으면 다시 하도록 한다.

4 今天天气怎么样?

오늘 날씨 어때?

단원 특성 : 날씨에 관해 묻고 대답하는 여러 가지 표현을 알아본다. 또한 ie, üe, er의 발음
방법을 익히고 각각 구별하여 발음할 수 있도록 한다.

차시	학습 내용
1차시	'今天天气怎么样?'과 '明天天气怎么样?'라는 표현을 통해 상대방에게 날씨를 묻고 답하는 방법을 익히도록 한다. 그리고 '今天, 天气, 怎么样, 明天, 可能, 会, 下'의 뜻을 알고 말할 수 있도록 한다.
2차시	ie, üe, er의 발음을 익히고 날씨를 나타내는 문장을 다양하게 낱말을 바꾸어 넣어가며 연습하는 활동이다.
3차시	날씨를 나타내는 표현을 스티커 놀이와 중국어 쓰기를 통해 익히는 활동이다.
4차시	'雨' 자가 들어 있는 여러 글자들을 찾아서 살펴보면서 한자의 구성 원리를 이해하고, '风来了' 노래를 율동과 함께 불러보도록 한다.

今天天气怎么样?

학|습|목|표

◉ '今天天气怎么样?'과 '明天天气怎么样?'라는 표현을 통해
상대방에게 날씨를 묻고 답할 수 있다.

◉ '今天, 天气, 怎么样, 明天, 可能, 会, 下'의 뜻을 알고 말할 수 있다.

도입

■ **동기 유발**

❶ 전 차시에 배운 노래 '前后左右'를 불러본다.

❷ 모둠별로 A4 종이를 나누어준 뒤 1분 동안에 날씨와 관계되는 말을 찾아보게 한다.

> 예 맑음, 흐림, 비, 천둥, 구름, 소나기, 바람, 안개, 우산, 눈, 번개 등

■ **학습 내용 확인하기**

● '今天天气怎么样?'과 '明天天气怎么样?'의 표현을 이용하여 날씨에 대해 이야기해보자.

● '今天, 天气, 怎么样, 明天, 可能, 会, 下'의 뜻을 알고 말해보자.

전개

■ **본문**

❶ CD를 두 번 되풀이하여 들려준다.(CD-22)

> – 오늘과 내일을 나타내는 말은 무엇입니까? 今天, 明天
>
> – '비가 내린다'를 어떻게 표현하였나요? 下雨
>
> – '…어때?'라는 뜻으로 상황을 묻고자 할 때 쓰는 말은 무엇입니까? …怎么样?

❷ CD를 다시 들으며 학생들이 따라 읽도록 한다.(CD-22)
전체 학생을 두 모둠(분단이나 남·여 모둠)으로 나누어 A, B를 번갈아 따라 읽도록 한다.

■ **단어**

❶ **단어** 의 한자와 병음을 칠판에 쓴다.
칠판에 병음을 쓸 수 있도록 네 줄을 그린 뒤, 한어병음과 성조를 줄에 맞추어 쓰고, 바로 아래에 해당 한자를 바르게 쓴다.

❷ 한자를 쓸 때는 정자로 순서를 강조하며 쓰게 한다.

유의 '能'을 쓸 때는 'ヒ' 부분의 필순에 유의하도록 한다. 'ノ (piě)'를 먼저 쓰고 'ㄴ (shùwāngōu)'를 써야 함을 강조한다.

能	ㄥ	ㄥ	ㄣ	育	育	肖	肖	能	能	能

❸ '今天'과 '明天'을 설명할 때는 앞뒤의 날을 표현하는 말을 순서대로 써서 함께 알려주면 단어를 익히는데 훨씬 도움이 된다.

大前天	–	前天	–	昨天	–	今天	–	明天	–	后天	–	大后天
그끄저께		그저께		어제		오늘		내일		모레		글피

❹ 새로운 단어를 보드게임을 통해 복습하도록 한다.

Tip; 단어 보드게임

▶준비물 : 보드 10장, 주사위 10개

① 전체 학생을 네 명이 한 모둠이 되도록 나누도록 한다.

② 각 모둠을 다시 두 팀으로 나눈 뒤, 읽기 보드를 한 장씩 나누어준다.

③ 팀의 순서를 정한 후, 이긴 팀부터 주사위를 던지도록 한다.

④ 나온 수가 홀수이면 한 칸, 짝수이면 두 칸을 옮긴 후 단어를 읽도록 한다.

⑤ 단어를 바르게 읽으면 주사위를 한번 더 던지고, 틀리면 상대편에게 기회가 넘어가도록 한다.

유의 읽을 때 두 사람이 소리를 맞추어 성조까지 정확하게 읽도록 유도한다.

⑥ 끝까지 먼저 도착하는 팀이 이기는 것으로 한다.

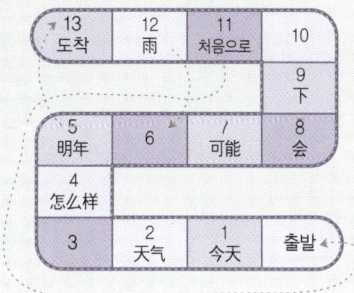

정리

■ 과제 제시

● 오늘 배운 단어의 병음과 한자를 각각 다섯 번씩 쓰기

■ 다음 시간 학습 내용 알려주기

● 비슷한 발음을 정확히 구분하는 것과 날씨에 관한 단어를 배울 것임을 알린다.

■ 교사의 다음 시간 준비

● 날씨 낱말카드, ie, üe, er의 발음 카드

第四课　**今天天气怎么样?**

학 습 목 표

◉ ie, üe, er를 정확하게 구분하고 발음할 수 있다.

◉ 날씨를 묻고 대답할 수 있다.

도입 ‥‥‥‥ ■ **동기 유발**

● 기억하기 놀이를 통하여 ie, üe, er의 발음이 쓰인 단어를 찾아본다.

① 전체 학생을 두 조로 나눈다.

② 칠판의 왼쪽에는 ie, üe, er의 발음 카드를 배열한 후, 그 위에 번호를 쓴 두꺼운 종이를 덧붙인다.

③ 오른쪽에는 ie, üe, er의 발음이 들어간 한자 단어 카드를 배열한다.

④ 왼쪽과 오른쪽의 발음이 서로 짝이 맞으면 덧붙인 종이를 떼어내고, 안 맞으면 다시 붙여둔다.

⑤ 점수를 많이 얻은 모둠이 이긴다.

ie	ěrduo	xuě
üe	jiějie	èr
er	yuèliang	yéye

1	4	5
2	6	7
3	8	9

■ **학습 내용 확인하기**

● 중국어 발음의 ie, üe, er을 배운다.

● 날씨를 나타내는 단어를 바꾸어가며 문장을 말한다.

전개 ‥‥‥‥ ■ **念一念**

❶ 운모 ie, üe, er을 칠판에 쓴다.

❷ CD를 들려주고, 학생들에게 들은 대로 발음해보도록 한다. 틀린 학생이 있을 경우 교정해준다.(CD-24)

> 유의
> • 'ie'는 우리말로 그냥 '예'라고 소리내지 말고, '이에'에 가깝게 소리내도록 한다.
> • 'er'은 우리말로 '엘'이 아니라 '얼'에 가깝게 소리내도록 한다.

❸ 성모 j, q, x와 ie, üe를 칠판에 쓰고 짝 맞추어 읽을 수 있도록 연습한다.

j	–	ie	–	jie	q – ie – qie		x – ie – xie	
j	–	üe	–	jue	q – üe – que		x – üe – xue	

> 유의
> • 'ie'를 성모 없이 그냥 쓸 때는 'ye'로 바꾸어 써야 함을 강조한다.
> • 'üe'를 성모 없이 그냥 쓸 때나 'j, q, x'와 함께 쓸 때는 'ü' 위의 점을 떼고 각각 'yue, jue, que, xue'로 바꾸어 써야 함을 강조한다.

■ 说一说 1

❶ CD를 두 번 들려준다.(CD-25)

❷ CD를 다시 들으며 학생들이 따라 읽도록 한다.(CD-25)

❸ 학생들이 들은 내용을 이해했는지 확인한다.

> – 오늘의 날씨는 어떠하다고 했습니까? 맑다.
> – 어제의 날씨는 어떠하다고 했습니까? 비가 왔다.

■ 보충학습

❶ 교사가 우리말로 날씨를 말하면 학생들은 해당하는 중국어로 말하고, 교사가 중국어로 말하면 학생들은 우리말로 말하도록 한다.

교사 〉 맑다   전체학생 〉 晴天

교사 〉 刮风   전체학생 〉 바람이 분다

❷ 날씨를 알 수 있도록 교사가 몸짓을 해서 보여주면 학생들이 그 날씨를 짐작해서 중국어로 말하도록 한다.

교사 〉 우산을 쓰고 가는 몸짓   전체학생 〉 下雨

교사 〉 바람에 떠는 몸짓   전체학생 〉 刮风

❸ 학생들 가운데 몇 명이 앞으로 나와서 날씨와 관련한 몸짓을 하게 하고 다른 학생들이 알아맞히도록 한다.

❹ CD를 한번 듣고 교사가 읽은 뒤 학생들이 따라 읽도록 한다.(CD-26)

	晴 qíng 맑음		雷阵雨 léizhènyǔ 천둥·번개를 동반한 소나기
	多云 duōyún 구름 많음		小雨 xiǎoyǔ 가랑비
	阴 yīn 흐림		中雨 zhōngyǔ 비
	多云转晴 duōyún zhuǎn qíng 구름 많다가 갬		大雨 dàyǔ 호우
	阵雨 zhènyǔ 소나기		大雪 dàxuě 대설

■ 说一说 2

❶ CD로 보충학습을 들으면서 날씨를 나타내는 표현을 살펴본다. (CD-26)

❷ 날씨에 관한 단어를 넣어 이야기를 주고받아 본다.

> 교사 (눈오는 날씨 카드를 보여주며) 今天天气怎么样?　　학생 今天下雪。
>
> 교사 (바람부는 날씨 카드를 보여주며) 昨天天气怎么样?　　학생 昨天刮风了。

❸ 같은 방법으로 학생들끼리 묻고 답하게 한다.

정리

■ **배운 내용 확인하기**

● 오늘 배운 발음 ie, üe, er 및 단어를 학생들과 다시 함께 발음해본다.

● 说一说의 네 문장을 해석과 함께 천천히 반복하여 읽어주거나, 교사가 우리말로 말하면 학생들이 중국어로 표현하도록 유도한다.

● 날씨에 관한 단어를 중국어로 함께 읽어본다.

■ **과제 제시**

● 날씨를 나타내는 단어 외워서 두 번 써 오기

■ **다음 시간 학습 내용 및 준비물 알려주기**

● 게임으로 날씨에 대한 문장을 공부함을 알려준다.

● 신문의 일기예보란을 오려서 가져 오기

■ **교사의 다음 시간 준비**

● 칠판에 게시할 수 있는 대형 게임판과 점수판

第四课 **今天天气怎么样?**

학습목표

◉ 날씨를 나타내는 단어를 간체자로 바르게 쓸 수 있다.
◉ 게임을 통해 날씨를 나타내는 표현을 정확히 말할 수 있다.

도입

■ 동기 유발

❶ 일기예보 자료를 보고 각 지역의 날씨를 중국어로 말해본다.

| 교사 ▶ 서울의 날씨는 어떤가요? | 학생 ▶ 비가 와요. |

| 교사 ▶ 서울의 날씨를 중국어로 말해볼까요? | 학생 ▶ 下雨。 |

– 같은 방법으로 다른 지역의 날씨도 알아본다.

❷ 신문의 일기예보란을 보고 각 지역의 날씨를 중국어로 말해보는 활동도 가능하다.

■ 학습 내용 확인하기

● 날씨를 나타내는 단어를 간체자로 바르게 쓴다.

● 게임을 통해 날씨를 나타내는 표현을 정확하게 말한다.

전개

■ 做一做 1

❶ 교재 p.38의 내일의 일기예보표를 보고 물음에 답해보자.

교사 ▶ 서울의 날씨는?	전체학생 ▶ 맑다.
교사 ▶ 광주의 날씨는?	전체학생 ▶ 번개가 친다.
교사 ▶ 부산의 날씨는?	전체학생 ▶ 흐리다.
교사 ▶ 제주도의 날씨는?	전체학생 ▶ 바람이 분다.
교사 ▶ 상하이의 날씨는?	전체학생 ▶ 비가 온다.
교사 ▶ 베이징의 날씨는?	전체학생 ▶ 눈이 온다.

❷ 각 부분에 적절한 스티커를 붙이고 알맞은 단어를 쓰도록 한다.

> 서울 – '晴天' 한자 스티커   상하이 – '비' 그림 스티커   제주도 – '刮风' 한자 스티커
>
> 광주 – '번개' 그림 스티커   베이징 – '下雪' 한자 스티커   부산 – '구름' 그림 스티커

❸ 한자를 쓸 때는 획순과 자형에 주의하며 빨리 쓰기보다는 정확히 쓰기를 독려한다.

■ 做一做 2

❶ 중국어로 날씨 말하기 게임을 설명하고 게임을 시작한다.

> ① 두 개의 원반에서 하나의 원반에는 '때'를 나타내는 중국어 단어, 다른 하나에는 '날씨'를 나타내는 중국어 단어가 쓰여 있음을 알려준다.
> ② 어떤 단어가 있는지 교사와 함께 읽어보고, 뜻을 확인한다.
> ③ 두 원반을 각각 돌려서 화살표가 가리키는 방향의 두 단어를 가지고 하나의 완성된 문장을 이야기하면 점수가 올라간다.
> ④ 원반을 돌리고 완성된 문장을 이야기하지 못하면 상대방에게 기회가 돌아가고 불완전한 문장을 말했을 때에도 기회를 빼앗긴다.
> ⑤ 한 번씩 돌아가면서 이야기를 하고 점수를 많이 얻은 팀이 이긴다.
>
> 유의 반 전체가 게임에 참여하도록 조별 게임을 하는 것도 좋다. 다만 조별로 실력 차이가 많이 나지 않도록 조정하고, 일방적인 승패가 나지 않도록 운영하는 것이 좋다. 게임이 공정하지 못하다는 인상을 학생들에게 주지 않도록 하고, 진 팀도 즐거울 수 있도록 벌칙 등을 적절히 이용하는 것도 좋은 방법이다.

❷ 게임을 통해 알게 된 내용을 정리한다.

> – '때'를 나타내는 단어를 순서대로 말해본다.
>   昨天 – 今天 – 明天 – 后天
> – '날씨'를 나타내는 표현을 말해본다.
>   예 晴天, 下雪, 打雷, 下雨, 刮风, 阴天
> – '때'와 '날씨'를 이용하여 만든 문장을 모둠별로 말해본다.
>   예 今天刮风。 / 昨天下雨了。 / 明天会下雪。
>
> 유의 어제의 날씨를 나타낼 때에는 '了'를 내일이나 모레의 날씨를 나타낼 때는 '会'를 쓴다는 것을 알려준다.

정리 ⸱⸱⸱⸱⸱⸱

■ **과제 제시**

● 어제와 오늘의 날씨에 대한 문장 만들어 써 오기

■ **다음 시간 학습 내용 알려주기**

● '雨'와 관련된 단어에 대해 익힐 것임을 알린다.

● 중국 학교 문화와 노래를 배울 것임을 알린다.

■ **교사의 다음 시간 준비**

● 낱자 카드, 문장 카드, 상형자 설명을 위한 그림 카드

今天天气怎么样?

학습목표

◉ '雨'가 들어 있는 여러 글자들을 살펴보면서 한자의 구성 원리를 이해할 수 있다.

◉ 비 오는 날을 생각하며 '风来了' 노래를 부른다.

도입 ...... ■ **동기 유발**

❶ 다음 글자에서 공통적으로 들어가는 글자가 무엇인지 찾아본다.

霜　　雷　　雾　　雪

교사▶ 공통적으로 들어가는 글자는 무엇입니까?　　학생▶ 雨

교사▶ '雨'는 무엇을 나타내는 글자입니까?　　학생▶ 비

❷ 부수 '雨'를 가진 글자 중에 霜은 서리, 雷는 번개, 雾는 안개, 雪는 눈을 나타낸다는 것을 설명한다.

■ **학습 내용 확인하기**

● '雨'가 들어 있는 여러 글자들을 알아본다.

● 비 오는 날을 생각하며 '风来了' 노래를 불러본다.

전개 ...... ■ **练一练**

❶ 상형자 '雨'의 형성에 관해 설명한다.

 – '雨'자는 하늘에서 떨어지는 빗방울을 본 뜬 글자이며 부수 '雨'가 포함된 글자들은 비와 관련된 자연 현상을 나타낸다는 것을 알려준다.

❷ 상형자 '雨'가 들어간 회의자 알아보기

 – 상형자 등 서로 다른 글자가 모여 글자를 이룬 것을 회의자라 한다.

 – '雨'가 포함된 글자들은 대부분 비와 관련된 경우가 많다는 것을 설명한다.

霜 서리 / 雷 번개 / 雾 안개 / 雪 눈

❸ 교사가 각 글자를 제시하고 칠판에 직접 써주면 학생들은 글자의 획순을 익혀 써보도록 한다.

> **유의** '雪'는 번체자 '雪'과 모양이 비슷하지만 다름을 유의하며 지도한다.

■ 看一看

❶ 학생들이 내용을 큰 소리로 읽도록 한다.

❷ 중국 학교의 입학과 졸업에 관련된 사실이나 자료를 보여주면서 부가적인 설명과 함께 학생들의 이해를 돕도록 한다.

■ 唱一唱

❶ 비 오는 날을 생각하면서 '风来了' 노래를 불러보게 한다.(CD-27)

> 한 소절씩 불러보기 → 박수를 치면서 부르기 → 모둠별로 돌아가면서 부르기 → 잘하는 모둠이 친구들에게 노래 들려주기

❷ 새로 나온 단어를 설명해준다.

> 背 bēi 메다, 지다 / 着 zhe ~한 채로 / 鼓 gǔ 북

정 리 ┈┈┈ ■ **과제 제시**

● 본문 네 문장 외우기

● 워크북 4과 풀이해 오기

快乐学汉语2 중간평가

(제1과~제4과)

___학년 ___반 이름: _____

◎ 응시 요령

1. 시험 시간은 모두 30분입니다.
2. 문제지에 알맞은 답이나 한자를 쓰도록 합니다.
3. 듣기평가는 두 번 듣고 시험지에 답을 쓰도록 합니다.
4. 쓰기평가는 반드시 간자체로 적도록 합니다.

영역	매우 잘함(5)	잘함(4)	보통(3)	노력(2-0)
듣기				
말하기				
읽기				
쓰기				

※ 중간평가, 기말평가지는 www.jplus114.com 자료실에서 다운 받으실 수 있습니다.

듣기 (듣기 문제는 p.111 정답 참조)

1. 선생님께서 들려주시는 낱말의 성조가 바르게 표시된 것을 고르세요.

   ① bāi   ② bái
   ③ bǎi   ④ bài
   ⑤ bai

2. 선생님께서 들려주시는 낱말이 어느 것인지 아래에서 고르세요.

   ① cūndiān   ② cùndiàn
   ③ chūntiān   ④ chùntiàn
   ⑤ zhūntiān

3. 선생님께서 들려주시는 말을 잘 듣고 어느 색깔을 좋아하는지 알맞은 것을 고르세요.

   ① 빨강   ② 주황
   ③ 노랑   ④ 초록
   ⑤ 파랑

4. 선생님께서 들려주시는 말을 잘 듣고 우체국이 어느 쪽에 있는지 알맞은 것을 고르세요.

   ① 동쪽   ② 서쪽
   ③ 남쪽   ④ 북쪽
   ⑤ 뒤쪽

5. 선생님께서 들려주시는 말을 잘 듣고 알맞은 것을 고르세요.

   ① 눈   ② 흐림
   ③ 바람   ④ 번개
   ⑤ 맑음

말하기

6. 그림을 보고 빈칸에 들어갈 단어로 알맞은 것을 고르세요.

   桌子上有_____。

   ① 山   ② 花
   ③ 火   ④ 人
   ⑤ 雨

7. 다음 대화에서 A와 B는 무엇에 대해 이야기를 나누고 있는지 알맞은 것을 고르세요.

   A：今天的天气怎么样？
   B：很好。不冷也不热。

   ① 직업   ② 날씨   ③ 나이   ④ 시험   ⑤ 몸무게

8. 다음 단어들이 나타내는 것을 고르세요.

   黑、　白、　青、　粉红

   ① 색깔   ② 과일   ③ 운동   ④ 동물   ⑤ 방향

9. 빈칸에 들어갈 말로 알맞은 것을 고르세요.

   A：彩虹有几种颜色？
   B：彩虹有____种颜色。

   ① 三   ② 四   ③ 五   ④ 六   ⑤ 七

10. 빈칸에 들어갈 말로 알맞은 것을 고르세요.

   A：你的家在_____？
   B：我的家在学校后边。

   ① 谁   ② 什么   ③ 哪儿   ④ 怎么   ⑤ 怎么样

11. 밑줄 친 부분의 발음에서 공통된 성조를 고르세요.

> <u>妈</u>妈   天<u>气</u>   <u>飞</u>机

① 제1성   ② 제2성
③ 제3성   ④ 제4성
⑤ 경성

12. 그림을 보고 아래 단어를 바르게 읽은 것을 고르세요.

① kǒu   ② tóu
③ tuǐ   ④ jiǎo
⑤ shǒu

13. 다음에서 딩딩 앞에 있는 사람은 누구인지 고르세요.

> 当当在丁丁的右边。冬冬在丁丁的后边。
> 明明在丁丁的前边。南南在丁丁的左边。
> 老师在丁丁和冬冬的中间。

① 当当   ② 冬冬
③ 明明   ④ 南南
⑤ 老师

14. 다음에서 눈이 오는 날로 알맞은 것을 고르세요.

> 今天   guāfēng,
> 明天会   xiàxuě,
> 后天会   xiàyǔ。

① 오늘   ② 내일
③ 어제   ④ 모레
⑤ 그저께

15. 다음의 병음자모로 만들 수 있는 단어를 고르세요.

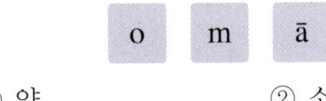

① 양   ② 소
③ 돼지   ④ 코끼리
⑤ 고양이

---

16. 빈칸에 공통으로 들어갈 말을 한자로 쓰세요.

> A : 彩虹____看吗？ (무지개가 예쁘니?)
> B : 真____看。 (참 예뻐요.)

※ 빈칸에 공통으로 들어갈 말을 한자로 쓰세요.[17~18]

17.

夏 ☐ ➡ ☐ 气
(여름)   (날씨)

18.

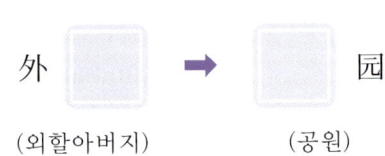

外 ☐ ➡ ☐ 园
(외할아버지)   (공원)

19. 다음 문장의 병음에 알맞도록 한자로 바르게 쓰세요.

> A : 我最喜欢春天。
> B : Wèishénme? ➡ _____ ?

20. 다음 우리말에 알맞도록 한자로 바르게 쓰세요.

> A : Zuótiān tiānqì zěnmeyàng?
> B : 비가 왔어. ➡ _____ 了。

5 你去哪儿?

너는 어디 가니?

단원 특성

자주 다니는 장소를 묻고 답하는 대화를 익히고, '어디에 무엇을 하러 가다' 라는 표현을 익히고, 대화를 해보는 활동이다. 'an, en, in, un, ün' 의 발음 방법을 익히고 각각 구별하여 발음할 수 있도록 한다.

차시	학습 내용
1차시	'你去哪儿?'과 '昨天你做什么了?' 라는 표현을 통해 '(어디)에 (무엇)을 하러 가다' 의 문형을 배우는 활동이다.
2차시	'an, en, in, un, ün' 을 발음해보고, 어디에 무엇을 하러 가는지 묻고 답하는 활동을 한다.
3차시	어디에 무엇을 하러 가는지를 어법에 맞게 대화로 표현해보는 활동이다. 자신이 좋아하는 운동을 말하고 써본다.
4차시	운동과 관련된 동사를 익히며 '你去哪儿?' 노래를 불러보게 한다.

第五课 **你去哪儿?**

학습목표

◉ '你去哪儿?'과 '昨天你做什么了?'라는 표현을 통해
'(어디)에 (무엇)을 하러 가다'의 문형을 익힐 수 있다.

◉ 본문 문장에 나온 단어의 뜻을 알고, 읽고 쓸 수 있다.

도입 ⎯⎯⎯ ■ **동기 유발**

❶ '风来了'를 함께 불러본다.

❷ 오늘의 날씨와 어제의 날씨에 대한 대화를 학생들과 나눈다.

| 교사 ⟩ 今天天气怎么样? | 학생 ⟩ 今天晴天。 |
| 교사 ⟩ 昨天天气怎么样? | 학생 ⟩ 昨天刮风了。 |

■ **학습 내용 확인하기**

● '你去哪儿?'과 '昨天你做什么了?'라는 표현을 통해 '(어디)에 (무엇)을 하러 가다'의 내
용으로 대화해본다.

● 새 단어를 익힌다.

전개 ⎯⎯⎯ ■ **본문**

❶ CD를 두 번 되풀이하여 들려준다.(CD-29)

❷ 들려준 내용에 대해 설명하고 간단하게 설명한다.

－'去哪儿 (어디에 가다)와 '去做 ～하러 가다'의 표현을 익히는 활동이다. '가다'라는 말과 '가서 (무엇)
을 하다'를 구분해서 설명하도록 한다.

－'～하러 가다'는 중국어 표현은 우리말과 달리 '가다'라는 뜻의 '去'가 먼저 나온다는 것을 익히도록 한다.

❸ CD를 다시 들으며 학생들이 따라 읽도록 한다.(CD-29)
전체 학생을 두 모둠(분단이나 남·여 모둠으로 나눈다)으로 나누어 A, B를 번갈아 따라
읽도록 한다.

❹ 이미 배운 단어를 응용하여 대화를 주고받는다.

> – 이미 배운 단어를 이용하여 '我去~' 문장을 익히게 한다.(단어 카드 이용)
>
> 교사 ▷ (학교 단어 카드를 보여주며) 你去哪儿?
>
> 학생 ▷ 我去(学校)。
>
> – 장소와 동사를 배운 단어들로 조합하여 말할 수 있도록 한다.
>
> 유의 • 배운 단어들을 잘 활용하지 않으면 잘 생각나지 않게 된다. 특히 학습 환경이 중국어 환경에서 멀기 때문에 의도적으로 시간이 있을 때마다 다시 상기시켜 주어야 한다.
>
> • 선수 학습이 이루어져 응용 학습에서 미리 나아가는 학생들이 있다. 지나치게 다른 학생들과 차이가 나지 않는다면 인정해주어도 된다. 그러나 전체적인 흐름을 깨지 않도록 주의를 기울여야 한다.

■ 단어

❶ 단어 의 한자와 병음을 칠판에 쓴다.

칠판에 병음을 쓸 수 있도록 네 줄을 그린 뒤, 한어병음과 성조를 줄에 맞추어 쓰고, 바로 아래에 해당 한자를 바르게 쓴다.

❷ 한자를 쓸 때는 정자로 순서를 강조하며 쓰게 한다.

유의 '当'을 쓸 때는 위의 가운데 'ㅣ' 부분이 첫 번째 획이 됨을 강조한다.

정리 ┈┈┈┈ ■ 배운 내용 확인하기

● 본문 네 문장을 해석과 함께 친친히 반복하여 읽어주거나 교사가 우리말로 말하면 학생들이 중국어로 표현하도록 유도한다.

■ 과제 제시

● '(어디)에 (무엇)을 하러 가다' 의 문형을 이용하여 문장 두 개 만들기

■ 다음 시간 학습 내용 알려주기

● 비슷한 여러 가지 운모 an, en, in, un, ün을 배울 것임을 알린다.

● '어디 가니?' 와 '무엇을 하러 가니?' 를 중국어로 묻고 답하는 연습을 할 것임을 알려준다.

■ 교사의 다음 시간 준비

● 발음하는 입 모양이 표시된 모음 카드(an, en, in, un, ün), 단어 카드(교재 '보충학습'에 나오는 장소와 일에 관한 단어), 문장 카드

5
과

第五课 **你去哪儿?**

학습목표

◉ 'an, en, in, un, ün' 의 발음을 CD로 듣고 정확하게 따라 할 수 있다.

◉ 어디에 무엇을 하러 가는지 묻고 답할 수 있다.

도입 ┄┄┄┄ ■ **동기 유발**

● 발음 카드를 차례로 두 개씩 보여주고 공통으로 쓰인 운모를 찾아보게 한다.

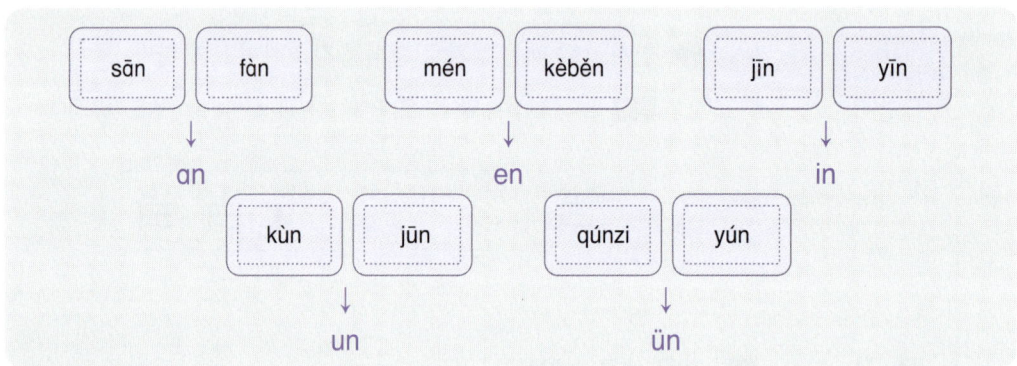

■ **학습 내용 확인하기**

● 중국어 발음의 an, en, in, un, ün를 배운다.

● 어디에 무엇을 하러 가는지에 대해 대화를 나눈다.

전개 ┄┄┄┄ ■ **念一念**

❶ 운모 an, en, in, un, ün을 칠판에 쓴다.

❷ CD를 들려주고, 학생들에게 들은 대로 발음해보도록 한다. 틀린 학생이 있을 경우 교정해준다.(CD-31)

> **유의** • 'en'은 우리말로 '엔'이 아니라 '언'에 가깝게 소리내도록 한다.
> • 'un'은 우리말로 '운'이 아니라 '우언'에 가깝게 소리내도록 한다.

❸ 성모 g, k, h와 an, en, un / j, q, x와 in, ün으로 나누어 칠판에 쓰고 짜 맞추어 읽을 수 있도록 연습한다.

g – an – gan	k – an – kan	h – an – han
g – en – gen	k – en – ken	h – en – hen
g – un – gun	k – un – kun	h – un – hun
j – in – jin	q – in – qin	x – in – xin
j – ün – jun	q – ün – qun	x – ün – xun

유의
• 'in'을 성모 없이 그냥 쓸 때는 'yin'으로 바꾸어 써야 함을 강조한다.

• 'un'을 성모 없이 그냥 쓸 때는 'wen'으로 바꾸어 써야 함을 강조한다.

• 'ün'을 성모 없이 그냥 쓸 때는 'ü' 위의 점을 떼고 'yun'으로 바꾸어 써야 함을 강조한다.

❹ 발음이 익숙해지면 교재 p.44에 나오는 단어를 이용하여 속삭이기 놀이를 한다.

Tip; 단어 속삭이기 놀이

▶준비물 : 교재 p.44의 단어 그림 카드 10장 3벌

① 전체 학생을 2~4개의 모둠으로 나누도록 한다.

② 모둠끼리 두 줄 씩 간격을 넓혀 앉도록 한다.

③ 카드 한 벌을 교실 벽 뒷면에 붙인다.

④ 나머지 두 벌은 순서를 똑같이 하여 모둠의 앞쪽에 놓는다.

⑤ 각 모둠의 첫 번째 학생은 앞으로 나와 맨 위의 카드를 집어 그림을 확인한 후, 교사에게 준다.

⑥ 시작 신호가 울리면, 처음 학생은 다음 학생에게 귓속말로 전달한다.

⑦ 마지막 학생은 교실 벽 뒷면의 카드를 떼어 교사에게 가지고 온다.

⑧ 정확하게 카드를 먼저 기져온 팀이 이기는 깃으로 한다.

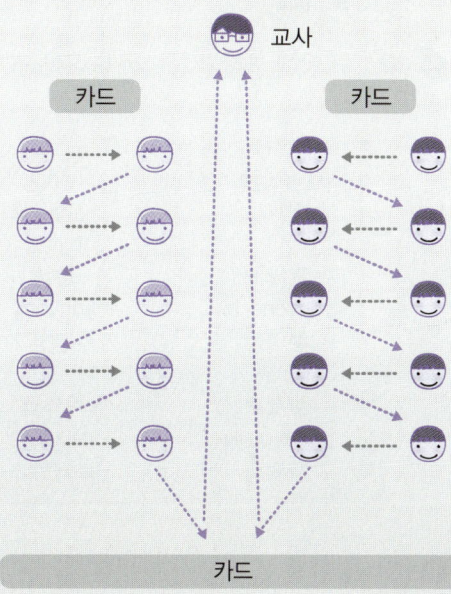

说一说 1

❶ CD를 두 번 들려준다.(CD-32)

❷ CD를 다시 들으며 학생들이 따라 읽도록 한다.(CD-32)

❸ 학생들이 들은 내용을 이해했는지 확인한다.

> – A의 질문 내용 : 어디에 뭐하러 가니?
> – B가 대답한 내용 : 동물원에 원숭이 보러 간다.

보충학습

❶ 어느 곳에서 무슨 일을 하는지 알 수 있도록 둘을 연결하여 문장을 만들어 연습하도록 한다.

❷ 먼저 교사가 장소를 우리말로 말하면 학생들은 장소와 어울리는 일을 중국어로 말하도록 한다.

| 교사 | 우체국 | 전체학생 | 寄信 |
| 교사 | 슈퍼마켓 | 전체학생 | 买东西 |

❸ 교사가 장소를 나타내는 단어 카드를 보여주면 학생들은 그 카드에 맞도록 '去 + 장소 + 동작' 형식의 문장을 만들어 말하도록 한다.

| 교사 | 단어 카드 '邮局'를 들어보인다. | 전체학생 | 去邮局寄信。 |
| 교사 | 단어 카드 '超市'를 들어보인다. | 전체학생 | 去超市买东西。 |

> 유의 한자를 읽기 어려워하는 학생이 많으면 한어병음 카드를 이용할 수도 있다.

❹ 익숙해지면 교사가 돌아다니며 한 명씩 교사의 말에 따라 '사람 + 去 + 장소 + 동작' 형식의 문장을 만들어 말하도록 한다.

| 교사 | 电影院 | 전체학생 | 我姐姐去电影院看电影。 |
| 교사 | 网吧 | 전체학생 | 我去网吧上网。 |

❺ 장소와 일에 관련된 간단한 단어를 몇 가지 더 알려주어도 좋다.

学校 xuéxiào 학교	上课 shàngkè 수업하다	补习班 bǔxíbān 학원	学习 xuéxí 공부하다
游泳池 yóuyǒngchí 수영장	游泳 yóuyǒng 수영하다	公园 gōngyuán 공원	散步 sànbù 산책하다
朋友家 péngyou jiā 친구 집	写作业 xiě zuòyè 숙제하다	文具店 wénjùdiàn 문구점	买文具 mǎi wénjù 문구를 사다

❻ CD를 한번 듣고 교사가 읽은 뒤 학생들이 따라 읽도록 한다.(CD-33)

■ 说一说 2

❶ 두 번째, 네 번째 문장에서 장소와 하는 일을 바꾸어 말할 수 있도록 지도한다.

❷ 교사가 장소와 일에 관한 단어 낱말 카드를 꺼내어 바꾸어 보여가며 전체 학생들과 A, B로 역할을 나누어 묻고 대답하도록 한다.

> [교사] 你去哪儿?
>
> [학생] (교사의 카드를 보며) 我去○○。
>
> [교사] 你去做什么?
>
> [학생] (교사의 카드를 보며) 我去△△。

❸ 교사가 학생 한 명씩과 돌아가며 같은 방식으로 묻고 대답한다.

> [유의] 카드는 먼저 그림만 보여주고, 장소 이름이 생각나지 않는 학생이 있을 경우 뒤집어 한자와 한어병음을 보여준다.

❹ CD를 다시 한번 들으며 따라 읽도록 한다.(CD-32)

정리

■ 배운 내용 확인하기

● 오늘 배운 발음 an, en, in, un, ün 및 단어를 학생들과 다시 함께 발음해본다.

● 说一说의 네 문장을 해석과 함께 천천히 반복하여 읽어주거나, 교사가 우리말로 말하면 학생들이 중국어로 표현하도록 유도한다.

● 장소와 일에 관한 단어를 중국어로 함께 읽어본다.

■ 과제 제시

● 운모 다섯 개 각각 열 번씩 읽으며 쓰기

● 말하기 부분 외워 오기 : 장소와 일은 자기가 좋아하는 것으로 바꾸어 외우기

● 장소와 하는 일을 나타내는 말을 중국어로 조사해 오기

■ 다음 시간 학습 내용 알려주기

● 이번 시간에 배운 '어디에 가다' 와 '무엇을 하다' 를 한 문장으로 말하는 것을 배울 것임을 알린다.

■ 교사의 다음 시간 준비

● 장소와 하는 일을 나타낸 단어 카드

5
과

第五课　**你去哪儿?**

학습목표

◉ 어디에 무엇을 하러 가는지 어법에 맞게 말할 수 있다.

◉ 자신이 좋아하는 운동을 말하고 간체자로 획순과 모양이 바르게 쓸 수 있다.

도입

■ **동기 유발**

❶ 어제 무엇을 했는지 물어보면 우리말로 간단하게 대답한다.

교사 昨天你做什么了?　　　学생 (운동장)에서 (축구)를 했습니다.

❷ 장소와 하는 일을 나타내는 말을 예를 들어 설명해준다.

장소		하는 일
公司 gōngsī	회사	工作 gōngzuò 일하다
超市 chāoshì	슈퍼마켓	买东西 mǎi dōngxi 물건을 사다
操场 cāochǎng	운동장	踢球 tīqiú 공을 차다, 打篮球 dǎ lánqiú 농구를 하다
图书馆 túshūguǎn	도서관	学习 xuéxí 공부하다, 看书 kàn shū 책을 읽다
邮局 yóujú	우체국	寄信 jì xìn 편지를 부치다
网吧 wǎngbā	PC방	上网 shàng wǎng 인터넷을 하다
学校 xuéxiào	학교	上课 shàng kè 수업을 하다

■ **학습 내용 확인하기**

● 어디에 무엇을 하러 가는지 말한다.

● 장소에 어울리는 일을 찾아 연결하고, 간체자로 획순과 모양이 바르게 쓴다.

전개 ······· ■ **做一做 1**

❶ 교재 p.46의 그림을 보고 어디에 무엇을 하러 가는지 묻고 답해본다.

- 그림에서 등장인물은 누구누구인가? 丁丁爸爸, 丁丁妈妈, 丁丁, 冬冬

- 그림의 인물들이 가는 곳이나 하는 일에 대해 이야기하도록 한다.

| 丁丁爸爸 – 公司 – 工作 | 丁丁妈妈 – 超市 – 买东西 |
| 丁丁 – 操场 – 踢球 | 冬冬 – 图书馆 – 学习 |

❷ 장소와 하는 일들을 연결하여 문장을 만들어본다.

- 예시문 : 丁丁爸爸 + 去 + 公司 + 工作。

- 예시문에서 나온 글의 순서(누가 - 去 - 어디에 - 무엇을 하다)를 생각해서 발표하도록 한다.

- 나머지 인물들에 대한 문장도 만들어본다.

① 丁丁妈妈去超市买东西。

② 丁丁去操场踢球。

③ 冬冬去图书馆学习。

❸ 장소와 하는 일들을 연결하여 만든 문장을 확인한다.

- 자원하는 학생들을 발표시킨다.

- 다르게 문장을 만들어도 의미가 통하게 하였으면 인정해주도록 한다.

- 문장을 수정할 시간을 준다.

■ **做一做 2**

❶ 장소에 어울리는 일을 찾아 바르게 연결해보고 한자로 써본다.

| 邮局 - 寄信 | 网吧 - 上网 |
| 超市 - 买东西 | 学校 - 上课 |

❷ '누가 + 去 + 장소 + 하는 일'로 나타내보게 한다.

예 我去邮局寄信。

■ **做一做 3**

❶ 어제 한 일과 내일 할 일을 문장으로 만들어보게 한다.

교사〉 昨天你做什么了?　　학생〉 我去+장소+하는 일+了

교사〉 明天你做什么?　　학생〉 我去+장소+하는 일

유의 동태조사 '了'는 동작의 과거를 나타내며 동사 바로 뒤에 놓임을 알려준다.

정리 ·······

■ 과제 제시

- 운동에 관련된 단어 외워 오기

■ 다음 시간 학습 내용 알려주기

- 운동과 관련된 동사를 익힐 것임을 알린다.
- 중국 학교 문화와 노래를 배울 것임을 알린다.

■ 교사의 다음 시간 준비

- 4차시에 배울 내용의 한자 카드
- '你去哪儿?' 노래의 확대 게시물

第五课 **你去哪儿?**

학 습 목 표

◉ 운동과 관련된 동사를 쓸 수 있다.
◉ '你去哪儿?' 노래를 율동과 함께 부를 수 있다.

도입

■ **동기 유발**

❶ 어제 어디서 무엇을 했는지 발표하게 한다.

교사 ➤ 昨天你做什么了?   학생 ➤ 我去图书馆看书了。

❷ 打, 踢, 跳, 滑의 동사는 어떤 운동과 관련 있는지 생각나는 대로 말하게 한다.

예 打 – 손으로 하는 운동   踢 – 발로 하는 운동
　跳 – 뛰는 운동   滑 – 눈이나 얼음 위에서 하는 운동

■ **학습 내용 확인하기**

● 운동과 관련된 동사를 써본다.

● '你去哪儿?' 노래를 율동과 함께 불러본다.

전개

■ **练一练**

❶ 운동을 나타내는 단어는 서로 다른 동사를 써서 나타냄을 알아본다.

– 아래 단어에서 중복되어 나오는 글자를 찾아본다.

打 : 打篮球(농구를 하다)   /   打网球(테니스를 치다)
踢 : 踢足球(축구를 하다)   /   踢毽子(제기를 차다)
跳 : 跳绳(줄넘기를 하다)   /   跳舞(춤을 추다)
滑 : 滑冰 (스케이트를 타다)   /   滑雪(스키를 타다)

❷ 打, 踢, 跳, 滑의 의미를 정확히 설명해준다.

打 : 손을 이용하여 던지거나 치는 운동
踢 : 발로 차는 운동, '축구'는 발로 차는 운동이므로 '打'가 아닌 '踢'를 사용함을 설명해준다.
跳 : 뛰는 것과 관련된 운동
滑 : 미끄러지는 것과 관련된 운동

5
과

■ 看一看

❶ 학생들이 내용을 큰 소리로 읽도록 한다.

❷ 관련된 사진이나 자료를 보충하여 보여주면서 부가적인 설명과 함께 학생들의 이해를 돕도록 한다.

> 중국에서는 영어나 수학 또는 예능 방면의 과외를 받을 때 주로 일대일 과외를 많이 하고 있다. 우리처럼 거리에서 학원 간판을 찾아보기란 쉽지 않다.
>
> 또한 어린이들이 배우는 예능 방면의 과목은 주로 학습 정도에 따라 등급을 나누어 급수를 따도록 하고 있는데, 보통 10급이 가장 높은 급수이다. 피아노가 가장 일반적이고, 바이올린이나 플룻, 서예, 펜글씨 같은 것을 배울 때도 국가에서 주관하는 시험을 통해 급수를 따고 있다.

■ 唱一唱

❶ CD로 '你去哪儿?' 노래를 먼저 두 번 듣고 물음에 답해본다.(CD-34)

> – 알아들을 수 있는 단어는 무엇입니까? 아빠, 엄마, 형, 나, 할머니 등
>
> – 가족이 각각 가는 곳은 어디입니까? 아빠: 회사, 엄마: 시장, 형: 학교
>
> – 집에서 가족을 기다리는 사람은 누구입니까? 나와 할머니

❷ 가족의 하루를 생각하며 '你去哪儿?' 노래를 불러본다.(CD-34)

> – 한 소절씩 설명해주기 → 새로운 단어 等 익히기 → 한 줄씩 부르기 → 전체 부르기

❸ 노래 가사를 바꾸어 불러본다.

> – 가족 이름과 가는 곳을 다르게 하여 노랫말을 바꾸어 모둠별로 불러보게 한다.
>
> 예 爸爸去操场。哥哥去网吧。弟弟去邮局。我和妈妈在家里, 我们在家里等他们。

정리 ┈┈ ■ 과제 제시

● 본문 네 문장 외우기

● 워크북 5과 풀이해 오기

6 骑车去学校

자전거를 타고 학교에 가요

단원 특성 이 단원에서는 교통수단을 이용하는 표현을 익히도록 하고 있다. 또 한어 병음의 운모 ang, eng, ing, ong을 배우고, 주위에서 흔히 접할 수 있는 교통수단을 나타내는 어휘에 대해 학습한다.

차시	학습 내용
1차시	본문을 통해 어떤 교통수단을 이용하는지 묻고 답하는 표현을 익히도록 한다. 그리고 본문 문장에 나온 단어의 뜻과 읽고 쓰는 법을 알게 한다.
2차시	운모 ang, eng, ing, ong을 확실히 구분하여 듣고 말할 수 있도록 한다. 그리고 교통수단을 나타내는 단어를 다양하게 바꾸어 넣어가며 말하기 연습을 한다.
3차시	교통수단과 관련된 양사에 대해 배우고, 그림과 스티커 활동을 통해 여러 가지 교통수단으로 이동하는 표현을 복습하도록 한다.
4차시	교통수단과 관련된 동사를 익히고, 중국의 학교 문화를 둘러본다. 그리고 노래를 통해 신호등을 보고 길을 건너는 모습을 이해하도록 한다.

第六课 **骑车去学校**

 학습목표

◉ 본문의 표현을 알아듣고 말할 수 있다.
◉ 본문 문장에 나온 단어의 뜻을 알고, 읽고 쓸 수 있다.

도입 .... ■ **동기 유발**

❶ 학생들이 오늘 학교에 올 때 이용한 교통수단을 조사하여 칠판에 한글로 쓴다. 필요한 교통수단들이 나오지 않았을 때는 몇 가지를 추가하여 쓴다.

> 예 버스, 지하철, 자전거, 택시, 걸어서⋯⋯

❷ 그 중에서 순우리말과 영어, 한자어가 무엇무엇이 있는지 물어보고 한글 밑에 중국어(한어병음 포함)를 써주며, 이번 과에서는 교통수단의 이름과 '～을 타다'라는 표현에 대해 학습함을 알려준다.

■ **학습 내용 확인하기**

● 어떤 교통수단을 이용하는지 묻고 답하는 표현을 배운다.

● 새 단어를 익힌다.

전개 .... ■ **본문 1**

❶ CD를 두 번 되풀이하여 들려준다.(CD-36)
> 유의 들으면서 칠판에 쓰인 교통수단 가운데 나오는 것이 있으면 표시하게 하고, 알아들은 교통수단을 발표하게 한다.

❷ CD를 다시 들으며 학생들이 따라 읽도록 한다.(CD-36)
전체 학생을 두 모둠(분단이나 남·여 모둠으로 나눈다)으로 나누어 A, B를 번갈아 따라 읽도록 한다.

■ **단어**

❶ 단어 의 한자와 병음을 칠판에 쓴다.
칠판에 병음을 쓸 수 있도록 네 줄을 그린 뒤, 한어병음과 성조를 줄에 맞추어 쓰고, 바로 아래에 해당 한자를 바르게 쓴다.

❷ 한자를 쓸 때는 정자로 순서를 강조하며 쓰게 한다.

> 유의 • '骑'를 쓸 때는 '马'의 획수를 강조하고, '马'와 '奇'를 너무 크게 써서 '骑'가 마치 두 글자인 것처럼 보이지 않도록 한다.
> • '铁'는 '钅'의 다섯 번째 획을 오른쪽 방향으로 꺾어 올려야 함을 강조한다.

❸ '怎么'를 설명할 때는 발음이 비슷한 '什么'와 어떤 차이가 있는지 함께 알려주어 쉽게 기억할 수 있도록 돕는다.

> • 怎么 : 어떻게 예 怎么来, 怎么去, 怎么走, 怎么吃, 怎么说
> • 什么 : 무엇, 무슨, 어느 예 吃什么, 喝什么, 说什么 / 什么书, 什么人, 什么颜色

❹ '车'를 설명할 때는 '车' 자가 들어가는 몇 가지 교통수단을 알려주어도 좋다.

汽车	公车	出租车	班车	火车	货车 [卡车]	面包车
qìchē	gōngchē	chūzūchē	bānchē	huǒchē	huòchē[kǎchē]	miànbāochē
자동차	버스	택시	마을버스/통근버스	기차	트럭	소형버스

■ 본문 2

❶ 본문의 네 문장에 대해 해설하고, 중국에서 일반적으로 많이 이용하는 교통수단에 대해 간단히 소개한다.

> 중국에서는 가까운 거리는 자전거를 이용하는 것이 일반적이다. 대도시에서는 한 시간 정도의 거리의 출퇴근이나 등하교는 자전거를 이용하는 경우가 많은데, 시내에 자전거 전용도로가 갖추어진 곳이 많아 편리하다. 아파트 단지 안이나 대형 쇼핑센터 주위에 가면 빽빽하게 세워 놓은 자전거를 흔히 볼 수 있다. 또한 상하이 같은 도시에서는 전동 자전거나 전동 스쿠터도 많이 이용하고 있다.

❷ 전체 학생을 다양한 방법으로 나누어 동동 역과 딩딩 역, 당당 역을 번갈아 읽어보게 한다.

> • 먼저 교사가 동동 역을, 학생 둘이 딩딩과 당당 역을 맡아 연습한다.
> • 전체 학생을 세 모둠으로 나누어 동동, 딩딩, 당당 역을 맡아 묻고 답하도록 한다.
> • 교사가 교실을 돌며 학생들과 일대일로 역할을 나누어 말해보도록 한다.

> 유의 '骑 qí'와 '去 qù'가 잇따라 나오는 발음에서 학생들이 'ü'의 발음을 제대로 하지 못하는 경우가 있다. 입을 오므려 발음하는 모양을 보여주며 'qi'와는 확실히 구별되게 발음하도록 한다.

❸ CD를 들으며 본문과 단어를 다시 읽어보도록 한다.(CD-36, 37)

정리 ┈┈┈ ■ 배운 내용 확인하기

● 본문 네 문장을 해석과 함께 천천히 반복하여 읽어주거나 교사가 우리말로 말하면 학생들이 중국어로 표현하도록 유도한다.

6
과

■ **과제 제시**

● 오늘 배운 단어의 병음과 한자를 각각 다섯 번씩 쓰기

● 등하교 때 이용하는 교통수단을 중국어로 익혀 오기

■ **다음 시간 학습 내용 알려주기**

● 중국어의 운모 ang, eng, ing, ong을 배울 것임을 알린다.

● 여러 가지 교통수단을 이용해 서로 묻고 대답하는 말을 연습할 것임을 알린다.

■ **교사의 다음 시간 준비**

● 교통수단 낱말 카드(앞에는 그림, 뒤에는 한자와 한어병음이 쓰인 큰 카드 : A4 크기)

● 자전거를 이용하여 출근하고 등교하는 중국 사람들의 사진이나 동영상(인터넷 자료 등)
  등을 준비한다.

第六课 **骑车去学校**

학 습 목 표

◉ ang, eng, ing, ong을 정확하게 구분하고 발음할 수 있다.
◉ 어떤 교통수단을 이용하는지 묻고 대답할 수 있다.
◉ 여러 교통수단의 이름을 익힐 수 있다.

도입

■ 동기 유발

❶ 학생들이 등교할 때 이용하는 교통수단의 낱말 카드를 한 장씩 꺼내 보이며 오늘 이용한 것이 나오면 손을 들게 한다.

❷ 어려워하는 학생들이 많을 경우 카드를 뒤집어 그림을 잠깐 보여주어도 좋다.

❸ 손을 든 학생이 앞에서부터 손을 내리며 중국어로 숫자를 센 뒤 모두 몇 명인지 교사가 중국어로 묻고 학생들이 대답한다.

❹ 카드를 바꿔가며 같은 방법으로 한 뒤 어떤 교통수단을 가장 많이 이용하는지 알아본다.

❺ 중국에서는 출퇴근이나 등하교 시 자전거를 많이 이용함을 사진이나 동영상을 보여주며 설명한다.

■ 학습 내용 확인하기

● 중국어 발음의 ang, eng, ing, ong을 배운다.

● 어떤 교통수단을 이용하는지 묻고 답하는 방법을 연습한다.

● 여러 교통수단의 이름을 배운다.

전개

■ 念一念

❶ 운모 an, en, in, un, ün을 먼저 쓰고 나서 그 옆에 ang, eng, ing, ong을 쓴다. 지난 번에 배운 운모 5개를 잘 읽는지 확인하고 학생들과 함께 큰 소리로 다시 읽도록 한다.

❷ 오늘 배울 ang, eng, ing, ong에 동그라미를 한 뒤 CD를 들려주고, 학생들에게 들은 대로 발음해보도록 한다. 틀린 학생이 있을 경우 교정해준다.(CD-38)

> 유의 ‘-n[우리말 -ㄴ]’으로 끝나는 소리와 ‘-ng[우리말 -ㅇ]’으로 끝나는 소리는 중국 사람들도 지방에 따라 구별을 하지 못하는 경우가 있다. 학생들에게 두 소리를 확실히 구분하여 발음하도록 말하고 나서 다시 주의 깊게 들어보도록 한다.

③ 성모 d, t, n, l와 ang, eng, ing, ong을 칠판에 쓰고 짝 맞추어 읽을 수 있도록 연습한다.

d – ang – dang	t – ang – tang	n – ang – nang	l – ang – lang
d – eng – deng	t – eng – teng	n – eng – neng	l – eng – leng
d – ing – ding	t – ing – ting	n – ing – ning	l – ing – ling
d – ong – dong	t – ong – tong	n – ong – nong	l – ong – long

说一说 1

① CD를 두 번 들려준다.(CD-39)

② CD를 다시 들으며 학생들이 따라 읽도록 한다.(CD-39)

③ 다양한 방법으로 말하기 연습을 한다.

- 먼저 교사가 A, 학생들이 B역할을 맡아 말하기 연습을 한 후 역할을 바꾸어 다시 연습한다.
- 전체 학생들을 두 모둠으로 나누어(남·여, 짝꿍 등으로 다양하게 나누기) 묻고 답하도록 한다.
- 잘하는 학생 몇 명을 뽑아 돌아가며 질문자 역할을 하게 하고 나머지 학생들이 대답하도록 한다.
- 교사가 교실을 돌며 학생들과 일대일로 역할을 나누어 말해보도록 한다.

보충학습

① 여러 교통수단의 이름을 익히도록 한다.

② 어떤 교통수단의 경우에는 이름이 여러 개 있음을 알려주어도 좋다.

- 버스(公共汽车) : 公车 gōngchē, 公交 gōngjiāo, 巴士 bāshì
- 택시(出租车) : 计程车 jìchéngchē, 的士 díshì
- 자전거(自行车) : 脚踏车 jiǎotàchē, 单车 dānchē
- 지하철(地铁) : 轻轨 qīngguǐ, 捷运 jiéyùn

③ 우리말의 기차(汽车)와 중국어의 '汽车(자동차)'는 한자는 같지만 뜻은 다르다는 것을 알려준다.

> 유의 '出租车 chūzūchē'는 'ch-z-ch'가 이어져 나오기 때문에 학생들이 발음하기 쉽지 않으므로 제대로 될 수 있도록 여러 차례 반복하고, 잰말놀이로 연습하면 좋다.

Tip; 권설음 잰말놀이

这里有四只石狮子,	Zhèli yǒu sì zhī shíshīzi,	여기 돌사자 네 마리가 있어요,
那里有十只石狮子,	nàli yǒu shí zhī shíshīzi,	저기엔 돌사자 열 마리가 있어요,
一共有十四只石狮子。	yígòng yǒu shísì zhī shíshīzi.	모두 돌사자 열네 마리가 있네요.

④ CD를 한번 듣고 교사가 읽은 뒤 학생들이 따라 읽도록 한다.(CD-40)

■ 说一说 2

❶ 두 번째, 네 번째 문장에서 교통수단을 바꾸어 말할 수 있도록 지도한다.

❷ 교사가 준비한 교통수단 낱말 카드를 꺼내어 바꾸어 보여가며 전체 학생들과 A, B로 역할을 나누어 묻고 대답하도록 한다.

교사 你怎么来学校?

학생 (교사의 카드를 보며) 我坐[骑]~来学校。

❸ 교사가 학생 한 명씩과 돌아가며 같은 방식으로 묻고 대답한다.

유의 카드는 먼저 그림만 보여주고, 교통수단 이름이 생각나지 않는 학생이 있을 경우 뒤집어 한자와 한어병음을 보여준다.

❹ CD를 다시 한번 들으며 따라 읽도록 한다.(CD-39)

정리 ┄┄┄ ■ 배운 내용 확인하기

● 오늘 배운 발음 ang, eng, ing, ong 및 단어를 학생들과 다시 함께 발음해본다.

● 说一说의 네 문장을 해석과 함께 천천히 반복하여 읽어주거나, 교사가 우리말로 말하면 학생들이 중국어로 표현하도록 유도한다.

● 여러 교통수단의 이름을 중국어로 함께 읽어본다.

■ 과제 제시

● 운모 네 개 각각 열 번씩 읽으며 쓰기

● 말하기 부분 외워 오기 : 교통수단은 자기가 좋아하는 것으로 바꾸어 외우기

● 교동수난 이름 누 번씩 쓰기(한자와 병음 모두)

■ 다음 시간 학습 내용 알려주기

● 교통수단과 가는 곳을 함께 이야기하는 표현을 배울 것임을 알려준다.

■ 교사의 다음 시간 준비

● A4 종이, 상자(윗부분에 손이 들어갈 수 있을 정도로 뚫린 추첨 상자 모양 예 티슈곽) 2개

● 교통수단 낱말 카드(교통수단 이름이 쓰인 종이 위에 교통수단 그림을 떼었다 붙였다 할 수 있도록 만든 카드)

● 장소 이름과 도시 이름 낱말 카드

6
과

第六课　**骑车去学校**

第六课 1차시
第六课 2차시
第六课 3차시
第六课 4차시

学 습 목 표

● 교통수단과 관련한 양사를 익힐 수 있다.

● 교통수단과 가는 곳을 함께 표현하는 방법을 복습하여 활용할 수 있다.

도입 ┈┈┈ ■ **동기 유발**

❶ 지난 시간에 배운 교통수단의 이름을 수수께끼 놀이를 통해 복습한다.

❷ 교사가 몇 가지 수수께끼를 내면 학생들은 정답을 중국어로 대답한다.

> 교사 > 쉴 때는 두 발, 갈 때는 네 발로 가는 것은?　　학생 > 自行车, 摩托车

> 교사 > 땅 위에 있을 때보다 땅 위에 없을 때가 더 많은 것은?　　학생 > 地铁, 飞机

> 교사 > 몸은 그렇게 길지 않지만 내 이름은 제일 길지요.　　학생 > 公共汽车

> 교사 > 원숭이 엉덩이는 빨개, 빨간 건 사과, 사과는 맛있어,
> 맛있으면 바나나, 바나나는 길어, 긴 것은 ……기차,
> 기차는 빨라, 빠른 것은?　　학생 > 飞机

> 유의 네 번째 문제를 말할 때 '긴 것은'하고 잠시 쉬어 학생들이 '火车'라고 대답하려고 할 때 '……기차, 기차는 빨라'라고 얘기하여 답이 그것이 아님을 알리면 좀 더 재미날 수도 있다.

■ **학습 내용 확인하기**

● 교통수단과 관련된 양사를 익힌다.

● 교통수단을 이용해 가는 곳을 한 문장으로 말한다.

전개 ┈┈┈ ■ 做一做 1

❶ 교통수단의 이름을 먼저 보고 큰 소리로 다 같이 크게 읽도록 한다.

❷ 교통수단에 알맞은 스티커를 붙이도록 한다.

> 유의 두 글자로 된 것부터, 이름에 '车'가 들어간 것부터, 바퀴 수가 적은 것부터 등등의 방법으로 붙이도록 하여도 좋다.

■ 做一做 2

① 학생들이 그림을 보고 먼저 각각의 교통수단이 몇 대인지 세어보도록 한다.

② 그림에 나오는 교통수단과 관련한 양사를 우리말과 관련지어 설명한다.

> • 우리말 '대'에 해당하는 것으로 '辆'을 쓰므로 '一辆公共汽车, 两辆出租车, 三辆自行车'의 방식으로 연습한다.
> • 비행기는 예외이므로 '架'를 씀을 알려준다. '一架飞机'
> • 학생들이 배를 세는 양사 '척'을 물으면 중국어로는 '艘 sōu'라고 함을 알려준다.

③ 교사가 각각의 교통수단이 몇 대인지 중국어로 묻고 학생들이 대답하게 한 뒤 쓰도록 한다.

> 교사 ⟩ 路上有几辆出租车?　　학생 ⟩ 路上有两辆出租车。
>
> 교사 ⟩ 路上有几辆自行车?　　학생 ⟩ 路上有七辆自行车。

> 유의 자주 쓰는 '辆'을 익히는 것이 목적이므로 '架'나 '艘'를 지나치게 강조하여 양사를 어렵게 느끼지 않도록 하는 것이 중요하다.

■ 做一做 3

① 먼저 보기의 교통수단 이름을 다 같이 큰 소리로 읽은 뒤, 그림을 보고 그 이름을 다시 다 같이 큰 소리로 읽도록 한다.

② 해당하는 교통수단을 각각 써 넣도록 한다.

③ 다 쓴 것을 확인한 뒤 교사가 묻는 말을 하고 전체 학생이 대답하도록 한다.

④ 구문이 익숙해지면 교사가 준비한 놀이 형식으로 바꾸어 해보아도 좋다.

Tip; 놀이

> ▶ 준비물 : 추첨용 상자 2개 및 A4 종이 20장(10장은 장소와 나라 또는 도시 이름, 10장은 교통수단 그림 - 그림을 떼면 이름이 나오도록 한 것)
>
> ① 전체 학생들을 두 사람씩 짝을 지운다.
> ② 짝 지어진 두 학생이 앞으로 나와 한 학생은 교통수단 카드를 뽑고, 다른 한 학생은 장소 카드를 뽑는다.
> ③ 두 학생이 같이 문장을 만들어 큰 소리로 말한다.
> 　예 我们坐[骑]○○去○○。
> ④ 교통수단의 이름이 생각나지 않는 경우에는 종이를 떼고 이름을 볼 수 있도록 한다.
> ⑤ 교통수단에 맞는 동사를 사용하는가(1점)와 교통수단(1점)과 장소(1점)의 이름을 같이 큰 소리로(1점) 제대로 말하는지 보고 점수를 준다.
> ⑥ 어느 모둠이 가장 잘하는지 보고 격려한다.
> 　유의 장소와 나라 또는 도시 이름 등을 다양하게 하면 교통수단과 어울리지 않는 의외의 내용이 나올 수 있어 학생들의 웃음을 자아낼 수 있다.
> 　예 我们骑自行车去美国。 / 我们坐飞机去学校。

정리 ········

■ **과제 제시**

● 엄마 아빠 등 자기 가족이 가는 곳과 이용하는 교통수단을 써서 문장 세 개(한어병음 쓰기 포함) 만들어 오기

■ **다음 시간 학습 내용 알려주기**

● 교통수단과 관련된 동사에 대해 복습할 것임을 알린다.

● 중국 학교 문화와 노래를 배울 것임을 알린다.

■ **교사의 다음 시간 준비**

● 한자 그림 카드 : '坐'와 '骑'가 연상되도록 그림으로 그려 만들어 온다.

第六课 **骑车去学校**

학습목표

◉ 이용하는 교통수단에 따라 달라지는 동사를 이해할 수 있다.

◉ 노래를 통해 신호등을 보고 길을 건너는 모습을 이해할 수 있다.

도입 ⸻ ■ **동기 유발**

❶ 교사가 먼저 오늘 아침에 이용한 교통수단을 넣어 문장을 말한 뒤 학생들에게 물어본다.

> 교사 ▷ 我坐地铁来学校。你呢?

> 학생 ▷ 我坐[骑]○○来学校。

❷ 숙제 검사를 겸하여 교사가 각각의 학생에게 과제를 바탕으로 묻고 대답하도록 한다.

■ **학습 내용 확인하기**

● 교통수단을 타는 방법에 따라 달라지는 동사를 이해한다.

● 노래를 통해 신호등을 보고 길을 건너는 모습을 이해한다.

전개 ⸻ ■ **练一练**

❶ 먼저 '坐'와 '骑'의 글자 모양을 살펴보게 한 뒤 뜻을 설명한다.

> • 坐 : 두 사람(人, 人)이 흙(土) 위에 앉아 있는 모습을 나타냄을 말한 뒤, 의자에 앉거나 책상다리로 앉는 동작에 모두 사용할 수 있음을 설명한다.
>
> • 骑 : 한자 안에 말 '马' 자가 들어가므로 옛날 말을 타는 동작에서 왔음을 설명하고, 말처럼 타는 교통수단에 모두 사용할 수 있음을 설명한다.
>
> 유의 그림을 잘 그리는 교사라면 한자를 그림으로 풀어 설명하면서 학생들의 이해를 도울 수도 있다.

예 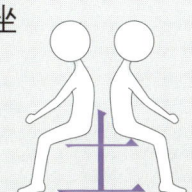 　　　　

② 교사가 교통수단을 말하면 전체 학생이 동사를 큰 소리로 말하도록 한다.

> 교사 ▷ 地铁   학생 ▷ 坐

> 교사 ▷ 摩托车   학생 ▷ 骑

③ 교사가 동사를 말하면 전체 학생이 그 동사를 넣어 교통수단과 함께 말하도록 한다.

> 교사 ▷ 坐   학생 ▷ 坐公共汽车

> 교사 ▷ 骑   학생 ▷ 骑自行车

■ 看一看

① 학생들이 내용을 큰 소리로 읽도록 한다.

② 관련된 사진이나 자료를 보충하여 보여주면서 부가적인 설명과 함께 학생들의 이해를 돕도록 한다.

■ 唱一唱

① CD로 '红绿灯' 노래를 먼저 두 번 들어본다.(CD-41)

② 학생들과 함께 교사가 손뼉을 치며 천천히 노래해보도록 한다.

③ 교사가 먼저 한 줄을 하고, 학생들이 그 다음 줄을 해보도록 한다.

④ 학생들을 남·여 두 모둠으로 하여 남학생들이 먼저 한 줄, 여학생들이 그 다음 줄을 하도록 하고 역할을 바꾸어 다시 해보도록 한다.

정리 ·········· ■ **과제 제시**

● 본문 네 문장 외우기

● 워크북 6과 풀이해 오기

7 你吃过泡菜吗?

너 김치 먹어봤니?

단원 특성 　이 단원에서는 자기가 좋아하는 음식과 맛에 대한 표현을 익히도록 하고
있다. 또 한어병음의 운모 ian, uan, üan을 배우고, 아이들이 좋아하는 여
러 음식을 나타내는 어휘에 대해 학습한다.

차시	학습 내용
1차시	본문을 통해 먹어본 음식과 그 맛을 묻고 답하는 표현을 익히도록 한다. 그리고 본문 문장에 나온 단어의 뜻과 읽고 쓰는 법을 알게 한다.
2차시	운모 ian, uan, üan을 확실히 구분하여 듣고 말할 수 있도록 한다. 그리고 음식 이름과 맛을 나타내는 단어를 다양하게 바꾸어 넣어가며 말하기 연습을 한다.
3차시	맛과 관련된 음식 이름을 복습하고, 경험을 나타내는 '过'를 이용해 자기가 해본 여러 가지 일에 대해 표현하는 활동을 한다.
4차시	음식과 관련된 동사를 익히고, 중국의 학교 문화를 둘러본다. 그리고 노래를 통해 몇 가지 새로운 음식 이름을 익히도록 한다.

第七课　你吃过泡菜吗?

학습목표

◉ 본문의 표현을 알아듣고 말할 수 있다.
◉ 본문 문장에 나온 단어의 뜻을 알고, 읽고 쓸 수 있다.

도입

■ 동기 유발

1 학생들이 좋아하는 여러 가지 음식 이름을 한 학생씩 돌아가며 말하도록 하고, 교사는 그 이름들을 칠판에 쓴다.

> 예 자장면, 비빔밥, 피자, 햄버거, 탕수육, 김치찌개 등등

2 그 중에서 각 나라를 대표할 수 있는 음식 이름에 동그라미를 한다.

3 교사가 각 나라를 대표할 수 있는 음식 이름들을 말하면 학생들이 그 나라를 중국어로 맞추도록 한다.

> 유의 • 중국어로는 잘 모르지만 우리말로 답을 맞히는 학생이 있으면 잘했다고 격려한 뒤, 다시 중국어로 할 수 있는 학생에게 기회를 주도록 한다.
> • 나라 이름을 배운지 오래되어 학생들이 기억이 잘 나지 않으면 한자나 병음으로 나라 이름을 미리 칠판에 써두고 할 수도 있다.

Tip; 각 나라를 대표하는 음식들

나라	대표 음식
韩国	泡菜 pàocài(김치), 拌饭 bànfàn(비빔밥), 烤肉 kǎoròu(불고기), 辣椒酱 làjiāojiàng(고추장)
中国	炸酱面 zhájiàngmiàn(자장면), 糖醋肉 tángcùròu(탕수육), 水饺 shuǐjiǎo(만두)
日本	生鱼片 shēngyúpiàn(회), 乌龙面 wūlóngmiàn(우동)
印度	咖喱 gālí(카레)
美国	汉保包 hànbǎobāo(햄버거), 薯条 shǔtiáo(감자튀김), 可乐 kělè(콜라)
德国	香肠 xiāngcháng(소시지), 啤酒 píjiǔ(맥주)
意大利	比萨 bǐsà(피자), 意大利面 yìdàlìmiàn(스파게티)

● 먹어본 음식과 그 맛을 묻고 답하는 표현을 배운다.

● 새 단어를 익힌다.

전개 ········ ■ 본문 1

❶ CD를 두 번 되풀이하여 들려준다.(CD-43)

유의 어떤 음식 이름이 나오는지 잘 들어보도록 하고, 혹시 알아듣는 학생이 있으면 발표하게 한다. 한국을 대표하는 음식이라고 미리 힌트를 주면 못 알아듣는 학생들이라도 쉽게 참여할 수 있다.

❷ CD를 다시 들으며 학생들이 따라 읽도록 한다.(CD-43)

■ 단어

❶ 단어 의 한자와 병음을 칠판에 쓴다.

칠판에 병음을 쓸 수 있도록 네 줄을 그린 뒤, 하어병음과 성조를 줄에 맞추어 쓰고, 비로 아래에 해당 한자를 바르게 쓴다.

❷ 한자를 쓸 때는 정자로 순서를 강조하며 쓰게 한다.

유의 '过'와 '道'를 쓸 때는 '寸'과 '首'를 먼저 쓰고 '辶'를 나중에 쓰도록 하고, 특히 '辶'의 획수가 3획임을 강조한다. 인터넷을 이용해 필순을 찾아 보여주면 학생들의 흥미를 더욱 높일 수 있다.

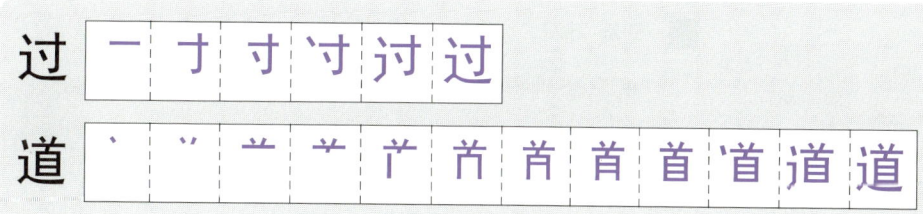

❸ '泡菜'를 설명할 때는 '김치'라는 우리말이 사실은 한자어 '沈菜(침채)'에서 왔음을 설명하고, 순우리말이라고 알고 있었지만 사실은 중국어나 한자어에서 온 채소 이름을 몇 가지 더 알려주어도 좋다.

Tip; ᜐ 중국어나 한자어에서 온 채소 이름

배추	상추	옥수수	가지	고추
白菜	生菜	玉蜀黍	茄子	苦草
báicài	shēngcài	yùshǔshǔ	qiézi	kǔcǎo

■ 본문 2

❶ 본문의 네 문장에 대해 해설하고, 중국에서도 경험을 나타낼 때는 우리말 '~한 적이 있다'
처럼 '过'를 동사 바로 뒤에 붙여 쓴다는 것을 간단하게 설명한다.

吃过	来过	去过	看过	听过

❷ 전체 학생을 다양한 방법으로 나누어 동동 역과 딩딩 역을 번갈아 읽어보게 한다.

- 먼저 교사가 동동 역을, 학생이 딩딩 역을 맡아 연습한다.
- 전체 학생을 두 모둠으로 나누어(남·여, 짝꿍 등으로 다양하게 나누기) 묻고 답하도록 한다.
- 잘하는 학생 몇 명을 뽑아 동동 역(혹은 딩딩 역)을 하게 하고 나머지 학생들이 다른 역을
맡도록 한다.
- 교사가 교실을 돌며 학생들과 일대일로 역할을 나누어 말해보도록 한다.

유의 '有点儿 yǒudiǎnr' 발음에서 'diǎnr'의 발음은 한어병음의 표기와 다르다는 것을 알려주어야 한다.
'-ǎnr'의 발음은 실제로 'ěr'과 같이 발음하도록 한다.

❸ CD를 들으며 본문과 단어를 다시 읽어보도록 한다.(CD-43, 44)

정리 ┈┈┈ ■ 배운 내용 확인하기

● 본문 네 문장을 해석과 함께 천천히 반복하여 읽어주거나 교사가 우리말로 말하면 학생
들이 중국어로 표현하도록 유도한다.

■ 과제 제시

● 오늘 배운 단어의 병음과 한자를 각각 다섯 번씩 쓰기

● 경험을 나타내는 '过'를 이용하여 먹은 적이 있는 음식을 말하는 표현 익혀 오기

■ 다음 시간 학습 내용 알려주기

● 중국어의 운모 ian, uan, üan을 배울 것임을 알린다.

● 여러 가지 음식 이름과 맛을 나타내는 말을 배울 것임을 알린다.

■ 교사의 다음 시간 준비

● '很好吃', '不好吃', '还好'가 쓰인 낱말 카드

第七课  **你吃过泡菜吗?**

1차시
2차시
3차시
4차시

학 습 목 표

◉ ian, uan, üan을 정확하게 구분하고 발음할 수 있다.

◉ 먹어본 음식에 대해 묻고 대답할 수 있다.

◉ 여러 음식 이름을 익힐 수 있다.

도입 .... ■ **동기 유발**

❶ 교사가 먼저 자기가 먹어본 음식 가운데 가장 기억에 남는 것을 말하고 학생들에게도 먹어본 음식 가운데 가장 기억에 남는 음식이 무엇인지 물어본다.

❷ 학생이 음식 이름을 말하면 교사가 중국어로 바꾸어 알려준 뒤 그 학생이 다시 말해보도록 한다.

> 교사 你吃过○○。　　학생 我吃过○○。

❸ 이때 중국어로 음식 이름을 잘 따라하지 못하더라도 꼭 "很好!"라고 칭찬을 해준다.

> 유의 중국어로 잘 모르는 음식 이름이 나오면 바로 사전이나 인터넷으로 찾아 가르쳐주도록 하고, 혹시 사전에도 나오지 않는 이름이라면 그냥 우리말로 넣어서 말하도록 한다.

■ **학습 내용 확인하기**

● 중국어 발음의 ian, uan, üan을 배운다.

● 먹어본 음식에 대해 묻고 대답하는 방법을 연습한다.

● 여러 음식의 이름을 배운다.

전개 .... ■ **念一念**

❶ 운모 ian, uan, üan을 칠판에 쓴다.

❷ CD를 들려주고, 학생들에게 들은 대로 발음해보도록 한다. 틀린 학생이 있을 경우 교정해준다.(CD-45)

> 유의 'ian'과 'üan'을 발음할 때 '-a-'를 '아'가 아니라 '애'에 가깝게 소리내야 함을 강조하고 나서 다시 주의 깊게 들어보도록 한다.

7
과

❸ j, q, x와 ian, üan / d, t, n, l와 uan으로 나누어 칠판에 쓰고 짜 맞추어 읽을 수 있도록 연습한다.

j – ian – jian	q – ian – qian	x – ian – xian
j – üan – juan	q – üan – quan	x – üan – xuan
d – uan – duan	t – uan – tuan	n – uan – nuan	l – uan – luan

유의
- 'uan'을 성모 없이 그냥 쓸 때는 'wan'으로 바꾸어 써야 함을 강조한다.
- 'üan'을 'j, q, x, y'와 함께 쓸 때는 'ü'를 'u'로 바꾸어 써야 함을 강조한다.

说一说 1

❶ CD를 두 번 들려준다.(CD-46)

❷ CD를 다시 들으며 학생들이 따라 읽도록 한다.(CD-46)

❸ 다양한 방법으로 말하기 연습을 한다.

- 먼저 교사가 A, 학생들이 B역할을 맡아 말하기 연습을 한 후 역할을 바꾸어 다시 연습한다.
- 전체 학생들을 두 모둠으로 나누어(남·여, 짝꿍 등으로 다양하게 나누기) 묻고 답하도록 한다.
- 잘하는 학생 몇 명을 뽑아 돌아가며 질문자 역할을 하게 하고 나머지 학생들이 대답하도록 한다.
- 교사가 교실을 돌며 학생들과 일대일로 역할을 나누어 말해보도록 한다.

보충학습

❶ 여러 음식 이름과 맛을 나타내는 말을 익히도록 한다.

유의
- '자장면'을 배울 때는 그 뜻이 장을 볶아 만든 면이라는 설명을 해주면 그동안 왜 자장면이라고 불러왔는지 이해하는 데 도움이 된다.
- '汉堡包'는 줄여서 '汉堡'라고도 많이 말함을 알려준다.

❷ 맛을 나타내는 말을 배울 때는 그 맛 이름이 들어가는 단어를 함께 알려주면 좀 더 재미나게 익힐 수도 있다.

Tip; 맛 이름이 들어가는 음식

酸	甜	苦	辣	咸
酸辣汤 suānlàtāng	甜瓜 tiánguā	苦瓜 kǔguā	辣椒 làjiāo	咸蛋 xiándàn
맵고 신 중국식탕	참외	오이 비슷한 쓴 채소	고추	소금에 절인 달걀이나 오리알

❸ CD를 한번 듣고 교사가 읽은 뒤 학생들이 따라 읽도록 한다.(CD-47)

■ 说一说 2

❶ 교사가 A역할을 맡아 음식 이름을 바꾸어 물어보면 전체 학생이 그 음식 이름으로 대답할 수 있도록 지도한다.

❷ 익숙해지면 교사가 돌아다니며 한 학생씩 음식 이름을 바꾸어가며 묻고 답하도록 한다.

> 유의 가능하면 학생들이 좋아하는 음식으로 바꾸어 연습하도록 한다.

❸ CD를 다시 한번 들으며 따라 읽도록 한다.(CD-46)

정리

■ 배운 내용 확인하기

● 오늘 배운 발음 ian, uan, üan 및 단어를 학생들과 다시 함께 발음해본다.

● 说一说의 네 문장을 해석과 함께 천천히 반복하여 읽어주거나, 교사가 우리말로 말하면 학생들이 중국어로 표현하도록 유도한다.

● 여러 음식 이름과 맛을 나타내는 말을 중국어로 함께 읽어본다.

■ 과제 제시

● 운모 세 개 각각 열 번씩 읽으며 쓰기

● 말하기 부분 외워 오기 : 음식 이름은 자기가 좋아하는 것으로 바꾸어 외우기

● 음식 이름 두 번씩 쓰기(한자와 병음 모두)

■ 다음 시간 학습 내용 알려주기

● '过'를 이용해 자기가 해본 일을 말하는 표현을 배울 것임을 알려준다.

■ 교사의 다음 시간 준비

● 음식 이름 낱말 카드 : 1, 2차시에 배운 음식 이름으로 A4 종이 크기

● 중국어로 된 패스트푸드 상표 사진 : 켄터키치킨, 맥도날드, 피자헛 등

● 사다리타기 그림 큰 것(2절지)

● 낱말 카드 : 美国, 日本, 拌饭, 炸酱面, 火车, 飞机, 牛奶, 可乐(A4 종이의 1/4 크기로 하고 글씨는 빨간색으로 4장, 파란색으로 4장을 쓰고, 한자와 병음을 모두 쓴다.)

7
과

▶ 준비물 : '很好吃', '不好吃', '还好(háihǎo)'가 쓰인 낱말 카드

① 전체 학생을 두 모둠으로 나눈다.

② 각 학생에게 A4 종이를 두 장씩 나누어준다.

③ 종이에 먹어본 음식 두 가지를 골라 중국어로 크게 써서 책상 위에 놓는다.
: 교재에 나오는 음식 이름의 수가 부족할 경우 교사가 가르쳐준다.

④ 교사가 교실을 돌며 한 학생씩 그 종이에 쓰인 것 가운데 하나를 골라 '说一说'의 형식으로 학생에게 묻고 학생이 대답한다.

⑤ 세 번째 문장을 질문할 때 교사가 '很好吃', '不好吃', '还好'가 쓰인 낱말 카드 가운데 하나를 꺼내 보이면, 카드가 '很好吃'나 '不好吃'일 때는 학생은 그와 반대로 대답을 하고, '还好'일 때는 똑같이 대답을 하도록 한다.

⑥ 어느 모둠에서 대화를 잘 끝낸 학생이 많은지 알아보고 격려한다.

유의
• '还好'는 아직 배우지 않았으므로 미리 뜻을 설명하고, 낱말 카드에는 병음을 함께 써주도록 한다.
• 학생들이 ⑤번 과정에서 대답을 빨리 하도록 하여야 놀이의 재미가 더해진다. 머뭇거리면 벌점을 준다.

你吃过泡菜吗?

학습목표

◎ 맛과 관련된 음식 이름을 복습하여 활용할 수 있다.

◎ '过'를 이용해 자기가 해본 여러 가지 일에 대해 표현하는 방법을 익힐 수 있다.

도입

■ **동기 유발**

① 지난 시간에 배운 여러 가지 음식 이름이 적힌 낱말 카드를 한 장씩 꺼내 보이며 좋아하는 학생들은 손을 들도록 교사가 중국어로 말한다.

교사 喜欢的人请举手。

유의 중국어로 이야기한 것을 못 알아듣는 학생이 많을 경우 우리말로 다시 말해준다.

② 손을 든 학생들의 수를 센다. 앞 학생부터 손을 내리며 중국어로 숫자를 센 뒤 모두 몇 명인지 교사가 중국어로 묻고 학생들이 대답하도록 한다.

교사 几个人? 학생 五个人。

③ 카드를 바꿔가며 같은 방법으로 하여 가장 많은 학생들이 좋아하는 음식이 무엇인지 알아보고 닌 뒤, 요즘 중국 어린이들이 좋아하는 음식이 무엇인지 설명하면서 중국어로 된 패스트푸드 상표 사진을 보여준다.

Tip; 중국어로 된 패스트푸드 상표 이름

켄터키치킨	맥도날드	피자헛	코카콜라	사이다
肯德基	麦当劳	必胜客	可口可乐	雪碧
Kěndéjī	Màidāngláo	Bìshèngkè	Kěkǒukělè	Xuěbì

■ **학습 내용 확인하기**

● 맛과 관련된 음식 이름을 복습한다.

● '过'를 이용해 자기가 해본 여러 가지 일에 대해 표현하는 방법을 익힌다.

7
과

■ 做一做 1

❶ 먼저 그림을 살펴보고 관련된 단어가 무엇인지 생각해보도록 한다.

❷ 교사가 그림을 차례에 맞게 하나씩 짚으면 학생들이 다 같이 크게 말해보도록 한다.

전체학생 ▷ 热 / 冷 / 贵 / 累

❸ 빈칸에 알맞은 어휘를 쓰도록 하고 나서 교사가 돌아다니며 확인한다. 다 하였으면 다시 다 같이 크게 문장을 읽도록 한다.

■ 做一做 2

❶ 먼저 네 가지 맛을 나타내는 단어를 다 같이 크게 읽어보도록 한다.

❷ 색깔을 나타내는 단어를 교사가 먼저 읽고 학생들이 크게 따라 읽도록 한다.

❸ 음식 이름을 교사가 먼저 읽고 학생들이 크게 따라 읽도록 한다.

❹ 맛과 색깔로 음식을 찾아 선을 연결하도록 한 뒤, 교사가 돌아다니며 확인한다.

유의 돌아다니며 확인하다가 잘 모르는 학생이 있을 경우 우리말로 수수께끼처럼 힌트를 주어 학생들이 완성할 수 있도록 한다.

예 알록달록 새콤달콤 아이들이 가장 좋아하는 것은?
입엔 쓰지만 몸엔 좋은 것은?

■ 做一做 3

❶ 먼저 그림을 살펴보고 딩딩이 해본 것이 무엇인지 생각해보도록 한다.

❷ 알맞은 빈칸에 '过'를 쓰도록 하고 나서 교사가 돌아다니며 확인한다.

❸ 교사가 각 문장에 알맞게 물으면 학생들이 다 같이 크게 대답하도록 한다.

교사 ▷ 丁丁去过哪里?	학생 ▷ 丁丁去过美国。
교사 ▷ 丁丁吃过什么?	학생 ▷ 丁丁吃过炸酱面。
교사 ▷ 丁丁坐过什么?	학생 ▷ 丁丁坐过飞机。
교사 ▷ 丁丁看过什么动物?	학생 ▷ 丁丁看过熊猫。

■ 做一做 4

❶ 짝과 함께 자신이 해본 것에 대해 말꾸미기를 해본다.

❷ 학생 하나가 먼저 장소, 음식, 교통수단, 동물 이름 가운데 하나를 중국어로 말하면, 그 짝은 그 단어가 들어가는 문장을 꾸며서 말하도록 한다. 이때 자기가 해본 것이면 '~○过'를 쓰고, 해보지 않은 것이면 '~没○过'를 써서 말하도록 한다.

| 학생1 ▷ 飞机 | 학생2 ▷ 我没坐过飞机。 |
| 학생2 ▷ 中国 | 학생1 ▷ 我去过中国。 |

❸ 번갈아가며 두 번씩 해보도록 한다.

▶ 준비물 : 사다리타기 그림 큰 것(2절지), 낱말 카드(美国, 日本, 拌饭, 炸酱面, 火车, 飞机, 牛奶, 可乐 – A4 종이의 1/4 크기로 하고 글씨는 빨간색으로 4장, 파란색으로 4장을 쓰고, 한자와 병음을 모두 쓴다.)

① 전체 학생을 두 모둠(红队 hóngduì, 青队 qīngduì)으로 나눈 뒤 한 모둠에서 네 사람씩 뽑는다. '가위·바위·보'를 해서 이긴 학생으로 뽑는다. (가위·바위·보 : "剪刀 jiǎndāo 石头 shítou 布 bù")

② 준비한 사다리타기 종이를 칠판에 붙이고 아래에 낱말 카드를 자석으로 붙인다.(낱말이 보이지 않게 뒤로 붙인다.)

③ 뽑힌 여덟 명이 한 사람씩 사다리를 탄 뒤 낱말 카드를 뒤집는다.

④ 자기 모둠과 같은 색 글씨가 나오면 그 카드를 보고 다 같이 문장을 만들어 큰 소리로 말한다.

예 철수(사다리를 탄 학생 이름)○过○○。

⑤ 머뭇거리지 않고 빨리 바르게 말하면 2점을 주고, 머뭇거린 뒤 바르게 말하면 1점, 틀리면 0점으로 한다.

⑥ 여덟 개의 낱말 카드를 다 하여 어느 모둠의 점수가 많은지 알아보고 격려한다.

유의 상황을 보아 낱말 카드를 더 많이 준비하여 사용할 수도 있다.

정리

과제 제시
- 자기가 경험한 일을 '过'와 '去, 吃, 坐'를 각각 하나씩 넣어서 문장 세 개(한어병음 쓰기 포함) 만들어 오기

다음 시간 학습 내용 알려주기
- 음식과 관련된 동사에 대해 익힐 것임을 알린다.
- 중국 학교 문화와 노래를 배울 것임을 알린다.

第七课　你吃过泡菜吗?

학습목표

● 음식과 관련된 동사를 이해할 수 있다.

● 노래를 통해 몇 가지 새로운 음식 이름을 익힐 수 있다.

도입 ┄┄ ■ **동기 유발**

❶ 교사가 먼저 자기가 해본 일을 '过'를 넣어 세 문장을 만들어 말한다.

[교사] 我去过中国。 / 我吃过比萨。 / 我坐过火车。

❷ 숙제 검사를 겸하여 한 학생씩 세 문장 중에서 하나를 골라 질문하면 학생은 같은 동사를 이용하여 대답한다.

[교사] 我去过中国。你呢? [학생1] 我也去过○○。

[교사] 我吃过比萨。你呢? [학생2] 我也吃过○○。

[유의] 가끔은 문장 형식을 바꾸어 물어서 학생들의 흥미를 불러일으킬 수도 있다.

[교사] 我没去过中国。你呢? / 我没坐过飞机。你坐过飞机吗?

■ **학습 내용 확인하기**

● 음식과 관련된 동사를 이해한다.

● 노래를 통해 몇 가지 새로운 음식 이름을 익힌다.

전개 ┄┄ ■ **练一练**

❶ 먼저 두 동사의 뜻을 설명한다.

[유의] '吃'과 '喝' 두 글자 모두에 들어가는 한자가 무엇인지 물어보고 입과 관련된 글자는 주로 '口'자가 부수가 됨을 함께 설명하는 것도 좋은 방법이다.

❷ 교사가 먼저 문장을 읽고 전체 학생들이 따라서 크게 읽도록 한다.

③ 교사가 여러 음식 이름을 말하면 전체 학생들이 그 음식에 맞는 동사를 말하도록 한다.

교사	果汁		전체학생	喝
교사	口香糖		전체학생	吃

④ 익숙해지면 이번에는 바꾸어서 교사가 동사를 말하면 전체 학생들이 그 동사를 이용하는 음식 이름을 말한다.

교사	吃		전체학생	炸酱面
교사	喝		전체학생	可乐

> **유의** 앞에서 배운 여러 가지 음식 이름을 이용하여 복습하도록 하고, 교사가 음식 이름과 동사를 차례 없이 섞어가며 말하면 흥미를 더욱 높일 수 있다.

Tip; ─ 놀이

① 전체 학생을 다섯 명씩 한 모둠으로 편성한다.

② 한 모둠 학생들을 모두 앞으로 나오게 한 뒤 간격을 조금 띄워 나란히 세운다.

③ 자기가 좋아하는 음식을 넣어 문장을 만들어 말하면 다음 학생들이 앞 학생들의 문장을 계속 누적하여 말한다.

하늘	我喜欢吃 [喝] ○○。
가을	하늘喜欢吃 [喝] ○○。我喜欢吃 [喝] ○○。
바위	하늘喜欢吃 [喝] ○○。가을喜欢吃 [喝] ○○。我喜欢吃 [喝] ○○。

④ 이때 음식 이름이 중복되지 않도록 하며, 틀리지 않고 끝까지 하는 모둠이 이기는 것으로 한다.

> **유의** 한 모둠의 학생 수를 많게 하면 난이도와 흥미를 높일 수 있다. 또한 잘하는 학생일수록 끝 쪽으로 세우는 것이 진행에 도움이 된다.

■ 看—看

❶ 학생들이 내용을 큰 소리로 읽도록 한다.

❷ 관련된 사진이나 자료를 보충하여 보여주면서 부가적인 설명과 함께 학생들의 이해를 돕도록 한다.

■ 唱—唱

❶ CD로 '胡萝卜' 노래를 먼저 두 번 들어본다. (CD-48)

❷ 학생들과 함께 교사가 손뼉을 치며 천천히 노래해보도록 한다.

❸ 교사가 먼저 한 줄을 하고, 학생들이 그 다음 줄을 해보도록 한다.

❹ 학생들을 남·여 두 모둠으로 하여 남학생들이 먼저 한 줄, 여학생들이 그 다음 줄을 하도록 하고 역할을 바꾸어 다시 해보도록 한다.

❺ 음식이나 채소, 과일 이름에 색깔이 들어가는 단어를 몇 가지 더 알려준다.

정리 ········· ■ **과제 제시**

● 본문 네 문장 외우기

● 워크북 7과 풀이해 오기

Tip; ← 색깔이 들어가는 음식, 채소, 과일 이름

红豆 hóngdòu 팥	红茶 hóngchá 홍차	红枣 hóngzǎo 대추	红酒 hóngjiǔ 포도주
红薯 hóngshǔ 고구마	西红市 xīhóngshì 토마토	绿豆 lǜdòu 녹두	绿茶 lǜchá 녹차
黑豆 hēidòu 검은콩	黑米 hēimǐ 검은쌀	黄豆 huángdòu 콩나물콩	黄鱼 huángyú 조기
白米 báimǐ 흰쌀	白果 báiguǒ 은행	白酒 báijiǔ 고량주	青菜 qīngcài 채소

8 小狗真可爱

강아지는 정말 귀여워

단원 특성 ：이 단원에서는 자기가 좋아하는 동물에 관해 말하는 표현을 익히도록 하고 있다. 또 한어병음의 운모 iang, iong, uang, ueng을 배우고, 아이들이 좋아하는 여러 가지 동물 이름을 학습합니다.

차시	학습 내용
1차시	본문을 통해 좋아하는 동물과 기르고 있는 동물을 묻고 답하는 표현을 익히도록 한다. 그리고 본문 문장에 나온 단어의 뜻과 읽고 쓰는 법을 알게 한다.
2차시	운모 iang, iong, uang, ueng을 확실히 구분하여 말할 수 있도록 한다. 그리고 여러 동물들의 이름을 다양하게 바꾸어 넣어가며 말하기 연습을 한다.
3차시	동물 그림을 맞추며 동물 이름을 복습하고, 그림을 보고 '养'과 '真'이 들어가는 문장을 연습하는 활동을 한다.
4차시	동물의 움직임과 관련된 동사를 익히고, 중국의 학교 문화를 둘러본다. 그리고 노래를 통해 여러 동물들의 울음 소리를 중국어로 익히도록 한다.

第八课  小狗真可爱

학 습 목 표

◉ 본문의 표현을 알아듣고 말할 수 있다.

◉ 본문 문장에 나온 단어의 뜻을 알고, 읽고 쓸 수 있다.

도입

■ **동기 유발**

❶ 학생들이 집에서 기르는 애완동물을 조사해보고 가장 많이 기르는 동물이 무엇인지 알아본다.

❷ 손을 든 학생이 손을 내리며 중국어로 수를 센 뒤, 교사가 몇 명인지 물어본다.

[교사] 강아지, 几个人? [전체학생] ○个人。

[교사] 고양이, 几个人? [전체학생] ○个人。

❸ 학생들에게 중국 사람들이 좋아하는 동물을 생각해보도록 한 뒤 관련 설명을 한다.

> **Tip;** 중국 사람들이 좋아하는 동물

애완동물	狗 gǒu, 猫 māo, 鸟 niǎo, 鱼 yú(이 발음과 '여유가 있다' 는 뜻의 '馀 yú' 의 발음이 같기 때문에 특히 많이 키운다.)
좋아하는 동물	大熊猫 dàxióngmāo, 龙 lóng

■ **학습 내용 확인하기**

● 좋아하는 동물과 기르고 있는 동물을 묻고 답하는 표현을 배운다.

● 새 단어를 익힌다.

전개

■ **본문 1**

❶ CD를 두 번 되풀이하여 들려준다.(CD-50)

> [유의] 어떤 동물이 나오는지 잘 들어보도록 하고, 혹시 알아들은 학생이 있으면 발표하게 한다.

❷ CD를 다시 들으며 학생들이 따라 읽도록 한다.(CD-50)

■ 단어

❶ **단어** 의 한자와 병음을 쓴다.

칠판에 병음을 쓸 수 있도록 네 줄을 그린 뒤, 한어병음과 성조를 줄에 맞추어 쓰고, 바로 아래에 해당 한자를 바르게 쓴다.

❷ 한자를 쓸 때는 정자로 순서를 강조하며 쓰게 한다.

> **유의** '牛', '养', '金', '鱼'는 한자 모양은 쉬우나 필순은 자주 틀리는 부분이다. 쓸 때 천천히 "하나, 둘, 셋~"하며 필순에 유의한다. 특히 '养'은 가로 획 세 개를 다 쓰고 나서 삐침을 써야 함을 강조한다. ('王'을 쓰고 그 아래에 '八'를 쓰는 식으로 하지 않도록 주의시킨다.)

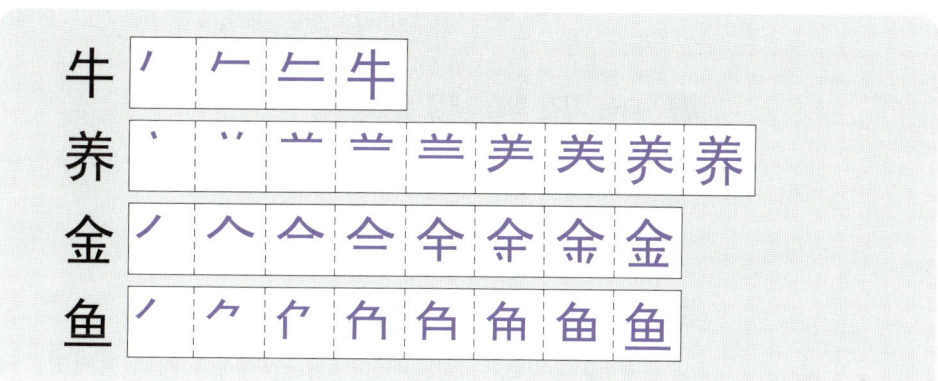

❸ '养'을 설명할 때 애완동물을 뜻하는 '宠物 chǒngwù'를 함께 알려주어도 좋다.

■ 본문 2

❶ 본문의 네 문장에 대해 해설하고, 동물 이름 앞에 '小'를 붙이면 우리말 '–아지'처럼 어린 동물을 나타냄을 설명하고, 몇 가지 자주 쓰는 말을 소개한다.

아기 동물들

小鸡 xiǎojī	小马 xiǎomǎ	小猫 xiǎomāo	小鸟 xiǎoniǎo	小牛 xiǎoniú
병아리	망아지	아기 고양이	아기 새	송아지
小兔 xiǎotù	小鸭 xiǎoyā	小羊 xiǎoyáng	小鱼 xiǎoyú	小猪 xiǎozhū
아기 토끼	아기 오리	아기 양	아기 물고기	아기 돼지

❷ 전체 학생을 다양한 방법으로 나누어 동동 역과 딩딩 역을 번갈아 읽어보게 한다.

❸ CD를 들으며 본문과 단어를 다시 읽어보도록 한다.(CD-50, 51)

> • 먼저 교사가 동동 역을, 학생이 딩딩 역을 맡아 연습한다.
> • 전체 학생을 두 모둠으로 나누어(남·여, 짝꿍 등으로 다양하게 나누기) 묻고 답하도록 한다.
> • 잘하는 학생 몇 명을 뽑아 동동 역(혹은 딩딩 역)을 하게 하고 나머지 학생들이 다른 역을 맡도록 한다.
> • 교사가 교실을 돌며 학생들과 일대일로 역할을 나누어 말해보도록 한다.

> **유의** '金鱼 jīnyú'를 발음할 때 'jīn'을 'jīng'으로 소리내지 않도록 주의시킨다. 잘못 발음하면 '금붕어 金鱼 jīnyú'를 '고래 鲸鱼 jīngyú'로 착각해서 들을 수 있기 때문이다.

정리 ····· ■ **배운 내용 확인하기**

● 본문 네 문장을 해석과 함께 천천히 반복하여 읽어주거나 교사가 우리말로 말하면 학생들이 중국어로 표현하도록 유도한다.

■ **과제 제시**

● 오늘 배운 단어의 병음과 한자를 각각 다섯 번씩 쓰기

● 자기가 키우고 싶은 동물 이름 중국어로 두 개씩 알아 오기

> **유의** 인터넷 사이트(다음이나 네이버 등) 상의 중국어 사전을 이용하면 쉽게 찾을 수 있음을 알려준다.
> **예** 네이버 홈페이지 → '사전' 클릭 → '중국어 사전' 검색창에 우리말로 동물 이름 치기

■ **다음 시간 학습 내용 알려주기**

● 중국어의 운모 iang, iong, uang, ueng을 배울 것임을 알린다.

● 여러 가지 동물 이름을 배울 것임을 알린다.

■ **교사의 다음 시간 준비**

● 동물 이름 카드(앞에는 그림, 뒤에는 한자와 한어병음이 쓰인 카드)

第八课　**小狗真可爱**

학습목표

◉ iang, iong, uang, ueng을 정확하게 구분하고 발음할 수 있다.

◉ 집에서 기르는 동물과 자기가 키우고 싶은 동물에 대해 묻고 대답할 수 있다.

◉ 여러 동물 이름을 익힐 수 있다.

도입　■ **동기 유발**

❶ 학생들이 알아온 동물 이름을 한어병음에 따라 나누어 물어본다고 말하고 교사의 질문을 잘 듣도록 한다.

❷ 중국어의 성모와 운모를 섞어가며 학생들에게 말하고 그 발음이 들어가는 동물 이름을 알고 있는 학생은 일어나서 동물 이름을 크게 말하도록 한다.

　교사 ‘b’가 들어가는 동물　　학생 biànsèlóng / bānmǎ

　교사 ‘u’가 들어가는 동물　　학생 niú / zhū / lǎohǔ

　유의 좀 더 난이도를 높여 물어보고 싶다면 특정한 성모와 운모가 함께 들어가는 동물 이름을 말하도록 할 수도 있다.

　　예 ‘n’와 ‘u’가 함께 들어가는 동물 : 牛 niú / 金鱼 jīnyú

■ **학습 내용 확인하기**

● 중국어 발음의 iang, iong, uang, ueng을 배운다.

● 집에서 기르는 동물과 자기가 키우고 싶은 동물에 대해 묻고 대답하는 방법을 연습한다.

● 여러 동물 이름을 배운다.

전개　■ **念一念**

❶ 운모 iang, iong, uang, ueng을 칠판에 쓴다.

❷ CD를 들려주고, 학생들에게 들은 대로 발음해보도록 한다. 틀린 학생이 있을 경우 교정해준다. (CD-52)

　유의 ‘iang’을 발음할 때 ‘-a-’는 ‘아’로 소리내므로 지난 과에서 배운 ‘ian’(‘a’를 ‘애’에 가깝게 소리냄)과 비교하여 설명한다.

❸ j, q, x와 iang, iong / g, k, h와 uang으로 나누어 칠판에 쓰고 짝 맞추어 읽을 수 있도록 연습한다.

j – iang – jiang	q – iang – qiang	x – iang – xiang
j – iong – jiong	q – iong – qiong	x – iong – xiong
g – uang – guang	k – uang – kuang	h – uang – huang

> **유의**
> • 'iang', 'iong'을 성모 없이 그냥 쓸 때는 'yang', 'yong'으로 바꾸어 써야 함을 강조한다.
> • 'uang', 'ueng'을 성모 없이 그냥 쓸 때는 'wang', 'weng'으로 바꾸어 써야 함을 강조한다. 특히 'ueng'은 실제로 성모와 결합하는 경우가 없으므로 언제나 'weng'으로만 쓰게 됨을 알려준다.

■ 说一说 1

❶ CD를 두 번 들려준다.(CD-53)

❷ CD를 다시 들으며 학생들이 따라 읽도록 한다.(CD-53)

❸ 다양한 방법으로 말하기 연습을 한다.

> • 먼저 교사가 A, 학생들이 B역할을 맡아 말하기 연습을 한 후 역할을 바꾸어 다시 연습한다.
> • 전체 학생들을 두 모둠으로 나누어(남·여, 짝꿍 등으로 다양하게 나누기) 묻고 답하도록 한다.
> • 잘하는 학생 몇 명을 뽑아 돌아가며 질문자 역할을 하게 하고 나머지 학생들이 대답하도록 한다.
> • 교사가 교실을 돌며 학생들과 일대일로 역할을 나누어 말해보도록 한다.

■ 보충학습

❶ 여러 동물 이름을 익히도록 한다.

> **유의** 동물 이름 뒤에 붙는 '子'는 아무 뜻이 없이 붙이는 것임을 알려준다.

❷ 학생들이 좋아하는 동물 가운데 책에 나오지 않은 동물 이름을 몇 가지 더 흥미 위주로 알려주어도 좋다.

동물의 왕국

게 螃蟹 pángxiè	고릴라 大猩猩 dàxīngxing	기린 长颈鹿 chángjǐnglù	낙타 骆驼 luòtuo
늑대 狼 láng	뱀 蛇 shé	사슴 鹿 lù	사자 狮子 shīzi
상어 鲨鱼 shāyú	악어 鳄鱼 èyú	얼룩말 斑马 bānmǎ	여우 狐狸 húli
원숭이 猴子 hóuzi	젖소 奶牛 nǎiniú	쥐 老鼠 lǎoshǔ	캥거루 袋鼠 dàishǔ
코끼리 大象 dàxiàng	코브라 眼镜蛇 yǎnjìngshé	코뿔소 犀牛 xīniú	표범 豹 bào
펭귄 企鹅 qǐ'é	하마 河马 hémǎ	햄스터 仓鼠[苍鼠]cāngshǔ	호랑이 老虎 lǎohǔ

❸ CD를 한번 듣고 교사가 읽은 뒤 학생들이 따라 읽도록 한다.(CD-54)

Tip; 띠에 나오는 동물들

쥐	소	범	토끼	용	뱀	말	양	원숭이	닭	개	돼지
鼠	牛	虎	兔	龙	蛇	马	羊	猴	鸡	狗	猪
shǔ	niú	hǔ	tù	lóng	shé	mǎ	yáng	hóu	jī	gǒu	zhū

유의 '띠(生肖 shēngxiào)'를 중국어로 묻고 대답하는 말을 알고 싶은 학생이 있다면 알려주어도 좋다.
예 你属什么?(Nǐ shǔ shénme?) / 我属鸡。(Wǒ shǔ jī.)

■ **说一说 2**

❶ 교사가 문장 내용을 약간 바꾸어 묻고 학생이 동물 이름을 바꾸어 대답할 수 있도록 지도한다.

교사▷ 你喜欢养什么动物?   학생▷ 我喜欢养变色龙。

교사▷ 为什么?   학생▷ 变色龙真可爱。

❷ 잘하는 학생 몇 명과 먼저 하여 익숙해지면 교사가 돌아다니며 한 학생씩 돌아가며 묻고 답하도록 한다.

유의 · 동물 이름이 잘 생각나지 않는 학생들이 있다면 교사가 동물 이름 카드를 들고 보여주면서 그 동물 이름을 가지고 대답하도록 할 수도 있다.
· '可爱' 대신에 다른 형용사 몇 개를 미리 알려주어 바꾸어 대답할 수 있도록 하면 더욱 효과적이다.
예 漂亮, 好看

❸ CD를 다시 한번 들으며 따라 읽도록 한다.(CD-53)

정리 ...... ■ **배운 내용 확인하기**

● 오늘 배운 발음 iang, iong, uang, ueng 및 단어를 학생들과 다시 함께 발음해본다.

● 说一说의 네 문장을 해석과 함께 천천히 반복하여 읽어주거나, 교사가 우리말로 말하면 학생들이 중국어로 표현하도록 유도한다.

● 여러 동물 이름을 중국어로 함께 읽어본다.

■ **과제 제시**

● 운모 네 개 각각 열 번씩 읽으며 쓰기

● 말하기 부분 외워 오기 : 동물 이름은 자기가 좋아하는 것으로 바꾸어 외우기

● 동물 이름 두 번씩 쓰기(한자와 병음 모두)

● 모둠 별로 머리-몸-꼬리로 나누어진 말, 개, 고양이, 호랑이 그림판 만들어 오기

■ 다음 시간 학습 내용 알려주기

● 동물 그림을 맞추며 동물 이름을 복습하고, '养'과 '真'이 들어가는 문장을 연습할 것임을 알려준다.

■ 교사의 다음 시간 준비

● 동물 머리의 특징 있는 기관 사진(또는 그림)

  예 코끼리 코 사진 / 토끼 귀 사진 / 고양이 눈 사진 / 물고기 입 사진 따위

● 동물 이름이 든 속담 카드 12장

- 돌 한 개로 두 마리 ○를 잡는다.
- 가는 ○에 채찍질 한다.
- 개천에서 ○ 났다.
- ○ 밥에 도토리
- 낮 말은 ○가 듣고 밤 말은 쥐가 듣는다.
- 닭 쫓던 ○ 지붕 쳐다보듯 하다.
- ○ 목에 방울 달기
- ○ 앞에 쥐 걸음
- ○도 제 말하면 온다.
- ○에게 물려가도 정신만 차리면 산다.
- 하룻강아지 ○ 무서운 줄 모른다.
- 사람은 죽으면 이름을 남기고 ○는 죽으면 가죽을 남긴다.

第八课 **小狗真可爱**

학 습 목 표

◎ 동물 그림을 맞추며 동물 이름을 복습하여 활용할 수 있다.

◎ 그림을 보고 '养'과 '真'이 들어가는 문장을 만들어 익힐 수 있다.

도입

■ **동기유발**

❶ 학생들에게 각 동물의 특징이 잘 드러나는 사진이나 그림을 보여주며 무슨 동물인지 물어보고 알아맞히도록 한다.

교사 (코끼리 코 사진을 들어보이며) 谁的鼻子?　전체학생 大象的鼻子。

교사 (토끼 귀 사진을 들어보이며) 谁的耳朵?　전체학생 兔子的耳朵。

교사 (고양이 눈 사진을 들어보이며) 谁的眼睛?　전체학생 猫的眼睛。

교사 (물고기 입 사진을 들어보이며) 谁的嘴巴?　전체학생 鱼的嘴巴。

유의 가끔은 알아맞히기 힘든 사진이나 그림을 보여주면 학생들의 흥미를 더욱 높일 수 있다.

예 악어 발, 캥거루 꼬리, 선생님 눈

❷ 중국어로 묻고 대답하기가 어려운 경우에는 우리말로 진행하도록 한다.

❸ 여러 동물의 머리와 꼬리를 연결하는 활동을 하게 됨을 알리고 다음 활동에 들어간다.

■ **학습 내용 확인하기**

● 동물 그림을 맞추며 동물 이름을 복습한다.

● 그림을 보고 '养'과 '真'이 들어가는 문장을 익힌다.

전개

■ **做一做 1**

❶ 각 부분의 그림을 잘 살펴 같은 동물의 것끼리 선으로 잇고 이름을 쓰도록 한다.

❷ 학생들이 다 쓰면 교사가 하나씩 가리키며 무슨 동물인지 묻고 전체 학생들이 크게 대답하도록 한다.

교사	这是什么动物?	전체학생	这是变色龙。
교사	这是什么动物?	전체학생	这是鸭子。
교사	这是什么动物?	전체학생	这是猪。
교사	这是什么动物?	전체학생	这是马。

유의 간단한 활동이므로 교사가 준비한 관련 놀이를 더하여 흥미를 일으킬 수도 있다.

Tip; 놀이

▶준비물 : 머리-몸-꼬리로 나누어진 말, 개, 고양이, 호랑이, 새, 용 그림판,
　　　　　동물 이름이 든 속담 카드 12장

① 전체 학생을 4명씩으로 하여 모둠을 만든다.

② 동물 그림판(6종류-18장)을 탁자 위에 놓고 섞는다.

③ 각 모둠의 대표 학생이 나와서 속담 문제 카드를 하나씩 뽑는다.

④ 대표 학생이 문제를 읽으면 각 모둠의 학생들 셋은 그 속담에 나오는 동물을 그림판으로 맞추어 들어올린다.

⑤ 종이를 들면서 그 동물 이름을 넣어 완성된 문장을 모둠이 함께 말한다.

　　모둠1 我们喜欢○○。

⑥ 교사는 대표 학생이 문제를 다 읽은 때부터 시간을 재서 빨리 그림판을 맞추어 들고 바르게 말하는 모둠이 이기는 것으로 한다.

⑦ 12문제를 다 푼 후 가장 잘한 모둠을 칭찬한다.

유의 여러 동물 그림을 크게 그려 같은 크기의 정사각형(9~12장)으로 자른 뒤, 섞어서 문제에 따라 퍼즐 식으로 동물을 맞추어 들고 이름을 말하게 하는 방법도 효과적이다. 이 경우 한 모둠은 보통 9~12명 정도로 구성한다.

■ 做一做 2

❶ 그림에 맞게 동물 이름을 써 넣어 문장을 완성한다.

❷ 문장이 완성되면 교사가 묻고 학생들이 큰 소리로 대답하도록 한다.

❸ 남·여 학생으로 모둠을 나누어 번갈아가며 묻고 대답하도록 한다.

■ 做一做 3

❶ 먼저 보기의 단어를 교사가 읽고 학생들이 크게 따라 읽도록 한다.

❷ 교사가 보기의 단어를 읽으면 학생들은 각 단어 앞에 '真'을 넣어 크게 읽도록 한다.

| 교사 | 短 | 학생 | 真短 |
| 교사 | 漂亮 | 학생 | 真漂亮 |

❸ 빈칸에 알맞은 단어를 쓰도록 하고 나서 교사가 돌아다니며 확인한다. 다 하였으면 교사가 묻고 전체 학생들이 그 문장을 이용해 대답하도록 한다.

> 교사 ▷ 大象的耳朵怎么样?　　학생 ▷ 大象的耳朵真大。
>
> 교사 ▷ 兔子的尾巴怎么样?　　학생 ▷ 兔子的尾巴真短。

정리 ⋯⋯ ■ **과제 제시**
- 자기가 좋아하는 동물 이름 5개 골라 세 번씩(한어병음 포함) 써 오기

■ **다음 시간 학습 내용 알려주기**
- '아이 앰 그라운드 동물 이름 대기' 놀이를 통해 동물들의 이름을 알아보는 활동을 할 것임을 알린다.
- 중국 학교 문화와 노래를 배울 것임을 알린다.

■ **교사의 다음 시간 준비**
- 동사 4개(飞, 游, 爬, 跑)가 쓰인 머리띠(인디언이 쓰는 머리띠 모양으로, 위로 둥글게 튀어 나온 부분에 한자가 잘 보이도록 크게 쓴다.)
- 동물 이름 카드('小猫怎么叫?' 노래에 나오는 동물)

8
과

第八课 **小狗真可爱**

 학 습 목 표

◉ 동물의 움직임과 관련된 동사를 이해할 수 있다.

◉ 노래를 통해 여러 동물들의 울음 소리를 익힐 수 있다.

도입 ·········· ■ **동기 유발**

❶ 전체 학생을 네 모둠으로 나누어 한 모둠씩 날아다니는 동물, 헤엄쳐 다니는 동물, 기어 다니는 동물, 뛰어다니는 동물들로 나누어 찾아보도록 한다.

❷ 찾은 동물 이름들을 중국어로 종이에 쓴 뒤, 각 모둠의 대표 학생이 나와서 큰 소리로 발표한다.

> 유의 해당하는 동물 이름을 많이 쓰는 모둠이 이기는 것으로 하고, 대표 학생이 말할 때 발음이 틀리는 경우는 감점한다고 하면 더욱 주의 깊게 말하도록 유도할 수 있다.

■ **학습 내용 확인하기**

● 동물의 움직임과 관련된 동사를 이해한다.

● 노래를 통해 여러 동물들의 울음소리를 익힌다.

전개 ·········· ■ **练—练**

❶ 먼저 움직임을 나타내는 네 동사의 한자 모양을 쉽고 재미나게 설명하여 학생들의 이해를 돕는다.

> ・飞 : 날개를 펴고 날아가는 새 모습
> ・游 : 물 수 변 부수 → 물과 관계가 있는 동작
> ・爬 : 높은 산비탈 모양에 집을 지고 기어 올라가는 모습
> ・跑 : 걸음을 크게 하고 빨리 달리는 사람 모습
>
>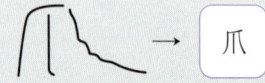
>
> 유의 한자가 만들어진 원리를 깊게 이해시키는 것이 아니라 교사 나름대로 재미난 그림과 그럴싸한 표현을 섞어 설명하여 학생들의 관심을 높이고 이해를 돕는 방식으로 이끌어야 한다.

❷ 교사가 먼저 동사를 읽고, 전체 학생들이 동물 이름과 동사를 함께 읽도록 한다.

    [교사] 飞　　　　　　　　　　[전체학생] 小鸟飞。鸽子飞。

    [교사] 游　　　　　　　　　　[전체학생] 金鱼游。海豚游。

❸ 전체 학생을 飞, 游, 爬, 跑 모둠으로 나눈 뒤 교사가 동사를 말하면 해당하는 모둠이 동물 이름과 동사를 읽도록 한다.

    [교사] 飞　　　　　　　　　　[飞모둠] 小鸟飞。鸽子飞。

    [교사] 跑　　　　　　　　　　[跑모둠] 小马跑。小猪跑。

    [유의] 교사가 순서 없이 동사를 말하면 학생들의 흥미를 더욱 높일 수도 있다.

Tip; *"아이 앰 그라운드 동물 이름 대기"*

▶ 준비물 : 飞, 游, 爬, 跑가 각각 하나씩 쓰인 머리띠 4개

① 전체 학생 가운데 먼저 4명을 가위 바위 보로 뽑는다. ("剪刀, 石头, 布")

② 한 학생씩 飞, 游, 爬, 跑가 각각 하나씩 쓰인 머리띠를 쓴다.

③ 한 학생씩 손동작을 하며 자기를 소개한다.

    (두 손으로 허벅지 두 번 치기) → (손뼉 치며 "我") → (오른손을 오른쪽으로 돌려 내밀고 엄지손
    가락을 펴며 "会") → (왼손을 왼쪽으로 돌려 내밀고 엄지손가락을 펴며 "飞") ~ ("游") ~
    ("爬") ~ ("跑")

④ 처음 시작하는 사람이 중국어로 자기소개 후 정해진 문장을 말한 뒤 다른 학생의 동사를 부른다. 불린 학생이 이어서 그 동사에 해당하는 동물 이름을 말하고 다시 다른 학생의 동사를 부르는 식으로 계속 이어서 말한다. (동작을 넣어서)

    [跑학생] (허벅지 두 번) → 我 (손뼉 한번) → 会 (오른손 엄지) → 跑 (왼손 엄지),
            跑跑 (허벅지 두 번) → 谁 (손뼉한 번) → 会 (오른손 엄지) → 飞 (왼손 엄지)

    [飞학생] 飞飞鸟会飞, 飞飞谁会爬。

    [爬학생] 爬爬蛇会爬, 爬爬谁会游。

    [游학생] 游游鱼会游, 游游谁会飞。

    [飞학생] 飞飞鸡会跑, 跑跑牛会跑。~~

⑤ 틀린 학생은 빠지고 다음 학생이 그 자리에 들어가 놀이를 계속한다.

⑥ 끝까지 남는 학생이 이기는 것으로 한다.

    [유의] 한 학생씩 하면 시간이 많이 걸릴 수 있으므로 3~4명이 한 모둠을 만들어 그 중 한 학생이 머리
         띠를 하고 다른 학생들은 같이 동작을 하며 말을 한다. 틀리면 그 모둠 학생 전체가 빠져나와 다
         른 모둠이 대신 하면 진행이 빠를 수 있다.

■ **看一看**

❶ 학생들이 내용을 큰 소리로 읽도록 한다.

❷ 관련된 사진이나 자료를 보충하여 보여주면서 부가적인 설명과 함께 학생들의 이해를 돕도록 한다.

唱—唱

① CD로 '小猫怎么叫?' 노래를 먼저 두 번 들어본다. (CD-55)

② 학생들과 함께 교사가 손뼉을 치며 천천히 노래해보도록 한다.

③ 교사가 먼저 묻는 말을 하면 학생들이 동물 울음 소리를 말하도록 한다.

④ 학생들을 남·여 두 모둠으로 하여 남학생들이 묻고 여학생들이 대답하도록 하고 역할을 바꾸어 다시 한다.

⑤ 교사가 울음소리를 내면 학생들은 동물 이름으로 대답한다.

⑥ 교사가 동물 이름 카드를 꺼내 보이면 학생들이 그 동물 울음 소리를 낸다.

Tip; 놀이

① 동물들의 울음 소리를 우리말과 중국말로 물어보고 대답하는 놀이이다.

② 맨 앞줄의 첫 번째 학생과 두 번째 학생을 지명한다.

③ 첫 번째 학생이 우리말로 한 동물의 울음 소리를 내면 두 번째 학생은 그 울음 소리를 중국말로 한다. 이번에는 두 번째 학생이 우리말로 어떤 동물의 울음 소리를 내면 첫 번째 학생이 중국말로 표현한다.

학생1	야옹야옹	학생2	miāo miāo miāo
학생2	꼬꼬댁 꼬꼬	학생1	jī jī jī
학생1	멍멍멍	학생2	wāng wāng wāng

④ 머뭇거리거나 못하는 학생은 탈락하는 것으로 하고, 이긴 학생은 그대로 남고 다음 학생이 같은 방법으로 상대한다.

⑤ 끝까지 남는 학생이 이기는 것으로 한다.

유의 두 사람씩 하는 놀이이므로 시간이 많이 걸릴 수 있다. 서로 대답을 빨리 하도록 하여야 놀이의 재미가 더해지고 진행을 빨리 할 수 있다.

정리

과제 제시

● 본문 네 문장 외우기

● 워크북 8과 풀이해 오기

2권 마무리

● 교재에 붙어있는 종합평가를 풀어보게 한다.

● 색인에 정리되어 있는 단어를 보면서 외우지 못한 단어를 익히도록 한다.

3권에서 배우게 될 내용은?

1. 生日快乐!	5. 今天你学了什么?
2. 长大你想当什么?	6. 丁丁爱画画儿
3. 多少钱?	7. 电脑游戏!
4. 加油!	8. 中国欢迎你!

___학년 ___반 이름 : _____

영역	매우 잘함(5)	잘함(4)	보통(3)	노력(2-0)
듣기				
말하기				
읽기				
쓰기				

※ 중간평가, 기말평가지는 www.jplus114.com 자료실에서 다운 받으실 수 있습니다.

◎ 응시 요령

1. 시험 시간은 모두 30분입니다.
2. 문제지에 알맞은 답이나 한자를 쓰도록 합니다.
3. 듣기평가는 두 번 듣고 시험지에 답을 쓰도록 합니다.
4. 쓰기평가는 반드시 간자체로 적도록 합니다.

듣기 (듣기 문제는 p.111 정답 참조)

1. 선생님께서 들려주시는 낱말의 성조가 바르게 표시된 것을 고르세요.

   ① mēn   ② mén   ③ měn
   ④ mèn   ⑤ men

2. 선생님께서 들려주시는 낱말이 어느 것인지 아래에서 고르세요.

   ① niāndào   ② niàndāo   ③ miānbào
   ④ miànbāo   ⑤ miànpāo

3. 선생님께서 들려주시는 낱말이 바르게 짝 지어진 것을 아래에서 고르세요.

   ① fàng / tán   ② fàn / táng
   ③ pàng / tán   ④ pàn / táng
   ⑤ fàn / tán

4. 선생님께서 들려주시는 말을 잘 듣고 아빠가 가는 곳으로 알맞은 것을 고르세요.

   ① 시장   ② 병원   ③ 학교
   ④ 가게   ⑤ 회사

5. 선생님께서 들려주시는 말을 잘 듣고 알맞은 맛을 고르세요.

   ① 시다   ② 달다   ③ 짜다
   ④ 맵다   ⑤ 쓰다

말하기

6. 다음 대화를 읽고 A의 물음으로 알맞은 것을 고르세요.

   A : _____?
   B : 我吃过泡菜。

   ① 你喜欢泡菜吗?   ② 味道怎么样?
   ③ 你吃过泡菜吗?   ④ 你去做什么?
   ⑤ 你去哪儿?

7. 다음 대화를 읽고 B가 좋아하는 동물이 어느 것인지 알맞은 것을 고르세요.

   A : Nǐ xǐhuan shénme dòngwù?
   B : Wǒ xǐhuan xiǎogǒu.

   ① 말   ② 닭   ③ 오리   ④ 강아지 ⑤ 금붕어

8. 다음 대화에서 A의 질문에 어울리는 병음을 고르세요.

   A : 너는 뭐하러 가니?
   B : Wǒ qù mǎi dōngxi.

   ① Nǐ qù nǎr?   ② Nǐ zuò shénme?
   ③ Nǐ jǐ diǎn qù?   ④ Nǐ zěnme lái de?
   ⑤ Nǐ qù zuò shénme?

9. 다음 대화에서 B가 타고 간 교통수단으로 알맞은 것을 고르세요.

   A : 你怎么去图书馆?
   B : Qí zìxíngchē qù.

   ①    ②    ③
   ④ 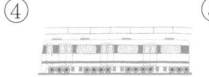   ⑤

10. 그림을 보고 다음 대화에서 B의 대답으로 바르게 말한 것을 고르세요.

A : Zhèli yǎng shénme?
B : _____。

① Zhèli yǎng tùzi.　② Zhèli yǎng jī.
③ Zhèli yǎng yāzi.　④ Zhèli yǎng jīnyú.
⑤ Zhèli yǎng biànsèlóng.

읽기

11. 다음 단어 카드의 빈칸에 들어갈 병음이 포함된 것을 고르세요.

我	① 一	② 二
_ǒ	③ 三	④ 四
	⑤ 五	

12. 다음 그림이 나타내는 단어의 병음 속에 들어있지 <u>않은</u> 것을 고르세요.

① ǔ　② i
③ n　④ o
⑤ ǎ

13. 다음 두 그림의 공통점을 나타내는 말로 알맞은 것을 고르세요.

① yáng　② yóu　③ pǎo
④ fēi　⑤ pá

14. 밑줄 친 부분의 병음 표기가 바르게 짝지어진 것을 고르세요.

我每天 Ⓐ 坐公共汽车 Ⓑ 去学校。

	Ⓐ	Ⓑ		Ⓐ	Ⓑ
①	cuò	jù	②	cuò	qù
③	zuò	qù	④	zuò	jù
⑤	zǒu	jù			

15. 다음에서 딩딩이 먹어보지 않은 것은 무엇인지 고르세요.

丁丁吃过 hànbǎobāo、bǐsà、zhájī 和烤肉。

① 치킨　② 햄버거　③ 피자
④ 불고기　⑤ 자장면

쓰기

16. 밑줄 친 부분을 우리말로 옮기세요.

烤肉很<u>好吃</u>。

➡ _____.

17. 빈칸에 공통으로 들어갈 한자를 쓰세요.

火 [　]　　出租 [　]

18. 밑줄 친 부분에 공통으로 들어갈 한자를 쓰세요.

・我家里 <u>yǒu</u> 小狗。　・天气 <u>yǒu</u> 一点儿冷。

19. 밑줄 친 부분을 우리말로 옮기세요.

<u>Wèidào zěnmeyàng?</u>

➡ _____.

20. 다음 문장의 병음에 알맞도록 한자로 바르게 쓰세요.

妈妈去市场 mǎi dōngxi.

➡ _____.

快乐学汉语 2 중간평가 정답

번호	영역	문항	정답
1	듣기	bái(白)	2
2	듣기	chūntiān(春天)	3
3	듣기	你喜欢什么颜色？我喜欢红色。	1
4	듣기	邮局在哪儿？邮局在北边。	4
5	듣기	今天天气怎么样？今天晴天。	5
6	말하기	존재를 나타내는 표현	2
7	말하기	날씨를 묻는 말	2
8	말하기	색깔 표현	1
9	말하기	사실 확인	5
10	말하기	장소 묻기	3
11	읽기	성조 익히기(1성)	1
12	읽기	신체 부위	3
13	읽기	위치 알기	3
14	읽기	날씨 알기	2
15	읽기	병음자모 조합	5
16	쓰기	'好'의 쓰임	好
17	쓰기	낱말잇기(공통으로 들어가는 글자)	天
18	쓰기	낱말잇기(공통으로 들어가는 글자)	公
19	쓰기	병음에 맞는 한자 쓰기	为什么
20	쓰기	우리말을 중국어로 옮기기	下雨

快乐学汉语 2 기말평가 정답

번호	영역	문항	정답
1	듣기	mén(门)	2
2	듣기	miànbāo(面包)	4
3	듣기	fàn(饭)/táng(糖)	2
4	듣기	爸爸去哪儿？他去公司。	5
5	듣기	味道怎么样？有点儿辣。	4
6	말하기	경험을 묻는 표현	3
7	말하기	사실 확인(동물 이름)	4
8	말하기	우리말에 맞는 병음 찾기	5
9	말하기	병음에 맞는 그림 찾기(교통수단)	2
10	말하기	그림에 어울리는 대화 찾기	4
11	읽기	공통으로 들어있는 발음	5
12	읽기	병음 익히기(동물 이름)	1
13	읽기	단어의 공통점 찾기	4
14	읽기	발음 알기	3
15	읽기	발음 알기(음식 이름)	5
16	쓰기	우리말로 옮기기	맛있다
17	쓰기	빈칸에 공통으로 들어가는 글자	车
18	쓰기	공통으로 들어가는 글자	有
19	쓰기	병음을 우리말로 옮기기	어때?
20	쓰기	병음을 한자로 쓰기	买东西

1판1쇄	:	2009년 1월 10일
저자	:	권상기, 김명섭, 양승옥, 이현숙, 왕지에, 장디앤쩡
삽화	:	김세라
발행인	:	이기선
발행처	:	제이플러스
		서울시 마포구 망원동 467-30번지
전화	:	영업부 02-332-8320 편집부 02-3142-2520
팩스	:	02-332-8321
홈페이지	:	www.jplus114.com
등록번호	:	제10-1680호
등록일자	:	1998년 12월 9일
ISBN	:	978-89-92215-57-2

편집	:	류재령, 박미견
디자인	:	박은미
마케팅	:	김흥태, 안상현, 한승훈

값 7,500원